阅读

改变人生的轨迹

青春励志系列

陈志宏 ◎ 编著

延边大学出版社

图书在版编目（CIP）数据

阅读：改变人生的轨迹/陈志宏编著 . — 延吉：延边大学出版社，2012.6（2021.10 重印）
（青春励志）
ISBN 978-7-5634-4863-0

Ⅰ . ①阅… Ⅱ . ①陈… Ⅲ . ①读书方法－青年读物 Ⅳ . ① G792-49

中国版本图书馆 CIP 数据核字（2012）第 115150 号

阅读：改变人生的轨迹

编　　著：陈志宏
责任编辑：林景浩
封面设计：映像视觉
出版发行：延边大学出版社
社　　址：吉林省延吉市公园路 977 号 邮编：133002
电　　话：0433-2732435 传真：0433-2732434
网　　址：http://www.ydcbs.com
印　　刷：三河市同力彩印有限公司
开　　本：16K 165 毫米 ×230 毫米
印　　张：12 印张
字　　数：200 千字
版　　次：2012 年 6 月第 1 版
印　　次：2021 年 10 月第 3 次印刷
书　　号：ISBN 978-7-5634-4863-0
定　　价：38.00 元

版权所有　侵权必究　印装有误　随时调换

前 言

书籍就像难得的朋友,在你不需要的时候,你感觉不到它们的存在;在你需要的时候,它们总是及时地来到你的身边,忠诚地守候在你生命的左右,随时宽解、充实你的心灵。

书籍就像一座屹立在时间汪洋大海中的灯塔。寻找到一条有效的路径通往它,我们会受到智慧光芒的照耀。懂得用最佳的方法读一切好的书,就是和许多高尚、睿智的人最有效地交流。

此书中,荟萃了古今中外多位名人的读书心得及经验,旨在让读者在阅读的同时还能够摒弃那些不得法的阅读习惯和作法,真正能从人类优秀的思想和智慧中披沙沥金,获得阅读的喜悦和成果。

名人的读书故事与读书方法,其实是我们最需要的精神食粮,且让我们在细细品读之时,享受人生甘醇甜美的滋味!

目录

第一篇　读书改变人生

知识决定命运	2
努力读书，就能够改变命运	4
未来的成功从今天的读书开始	7
学习帮助成功	9
腹有诗书气自华	11
学问的趣味	13
书可随缘境由心生	16
一边是修身，一边是养性	18
热爱读书的民族才是优秀的民族	22
读书乃天下第一"好事"	23
成为拥有个人资源的"知本家"	25
学习是一生都要做的事	29
更新知识，紧跟时代	32
投资知识，产出一定大于投入	34

第二篇 读书的态度

为什么要读书	38
把阅读看成一种"宗教"	42
读书是一种兴趣	44
无书的日子巧打发	46
听人读书也欢欣	49
要满怀兴趣地对待学习	53
对学习充满热情	57
坚持不懈	59
实践出真知	60
带着目的读书	62
透过"书"看"世界"	65
"读书"和"看书"	66
让人感动的"摸书"	67
让读书产生"美"	69
打开书这扇"门"	70
我是船，书是帆	72
永远与书为友	74
不做4种读书人	76
熟能生巧，勤能补拙	78

第三篇 读书的选择

读书要多读好书	82
经典是什么	84

学会选择与鉴别	86
要有"扔书"的勇气	89
最初的永远是最好的	91
要读"自然书"	93
开卷未必有益	94
读书与用书	97

第四篇　读书的方法

宝塔式读书法	102
从目录学入手	104
边读边记——背诵读书法	107
吸取他人精华——讨论读书法	109
心到，眼到和口到——三到读书法	111
写作百宝囊——纸条读书法	113
读书一定要理解——理解读书法	115
读书，不尽信书——批判读书法	116
沉浸于读书中——闹中求静法	118
带着目标去读书——目标读书法	120

第五篇　名人谈读书

读《伊索寓言》	124
喜欢苏东坡	127
童年读书	129
读书苦乐	133
读书——幸福	135

读书的艺术	136
论读书	138
两种读书人	139
钱钟书是怎样做读书笔记的	140
五类作品的读法	143
一个总统的阅读心得	145
情痴不关风与月	148
我之于书	151
书虫	152
书房	154
我的"南书房"	156
我的书房	159
附录一　快速读书法简介	161

第一篇

读书改变人生

知识决定命运

1984年，美国最具权威、最有影响力的金融经济报纸《华尔街日报》报道：美籍华人蔡志勇被任命为美国制罐公司的主管人和主席。1985年《财富》选出的美国500家最大工业公司之中，蔡志勇的美国制罐公司排名第124位，蔡志勇在华尔街的地位，显然是毋庸置疑的。

在美国商场上，是否精通经营管理，则是事业成败的关键所在，而蔡志勇正是拥有高学历又有生意头脑的一流商业人才。他在"忠诚"管理及研究公司工作的6年时间里，使这家公司经营的互惠基金业务的收益，以每年15%的速度增长，因而在同行业中的知名度大增，他被誉为"拥有点石成金术的人"。1965年，蔡志勇将他拥有的公司股票卖回给公司，创立了他自己经营的互惠基金业的蔡氏经营与研究公司，奠定了自己在美国金融界崛起的基础。

蔡志勇的创富经历绝非侥幸，可以说他所取得的点点滴滴都是靠"知识"挣回来的。这位在华尔街打滚了几十年，拥有4亿美金身价的"金融魔术师"从小就深受父亲的影响，父亲的言传身教，令他从少年时代就拥有了强大的创富欲望，从而在日常的点滴中刻意地注意学习和积累。

歌德曾经说过："人不只是生来就拥有一切的，而是靠他从学习中所得到的一切来造就自己。"

知识决定命运：一是指知识本身所具有的前所未有的巨大作用；另一方面，知识能够重塑人的性格，通过学习造就成功的人生。对此，许多智圣先贤，已有过明确而精彩的论述。

西汉扬雄认为："学者，所以修性也。视、听、言、貌、思，性所有也。学则正，否则邪。"

曾国藩曾说过："人之气质，由于天生，本难改变，唯读书学习可以改变人。"

培根在《论读书》中论述："读史使人明智，读诗使人聪慧，演算使人精密，哲理使人深刻，伦理学使人有修养，逻辑修辞使人善辩。"

显然，他们认为学习是可以使人有所改变的。

休谟则从另一个角度论述道："认真留意于科学和文艺，能使心性变软且富于人情，使良好情感欢乐，而真正的美德和尊严就在其中了。一个有鉴赏力和学识的人，由于他的心灵致力于思考学问，必定能克制自己的利欲和野心，同时必定能使他相当敏锐地意识到生活中的各种礼节和责任。他对品格和作风上的道德差别有比较充分的识别力。他在这方面的良知不会被削弱，相反会由于思考而大为增进。教育的丰硕成果能使我们确信，人心并不全是冥顽不可雕的，可以探根求源对它进行许多改造。只要让一个人给自己树立一个他所赞美的品格榜样，让他好好熟悉这个榜样的具体特点以便塑造自己，让他不断努力地警惕自己，避开邪恶，一心向善，我不怀疑，经过一段时间，他就会发现他的品格有了一个较好的变化。"

与之相反，如果一个人不读书、不求知、不上进，那他的生活将会是怎样的呢？林语堂先生在《读书的艺术》里就有这样的一段论述：

"那个没有养成读书习惯的人，以时间和空间而言，是受着他眼前的世界所禁锢的。他的生活是机械化的、刻板的；他只跟几个朋友和相识者接触谈话，他只看见他周遭所发生的一些事情。他在这个监狱里是逃不出去的。"

可是，当他拾起一本书的时候，情况就大不一样了。

"他立刻走进一个不同的世界。如果是一本好书，他便立刻接触到一个世界上最健谈的人。这个谈话者引导他前进，带他到一个不同的国度或不同的时代，或者对他发泄一些私人的悔恨，或者跟他讨论一些他从来不知道的学问或生活问题。""读一本好书，就是和许多高尚的人谈话。"歌德也曾做过这样的论述。

在当前竞争日益加剧的社会里，等到对手碰面时，胜负其实早已定了。就像武林高手格斗，最终拼的是内功，是靠武学的修为和领悟而决定胜负。因此竞争早就开始，比的就是"准备"，比的就是日积月累。

类似于这样的积累和准备，可以说是知识的积累和准备，也可以说就是心态的准备、目标的准备和行动的准备（调整心态，明确目标，采取行动，都可以视作求知的一部分）。

英国学者爱迪生说道："知识仅次于美德，它可以使人真正地、实实在在地胜过他人。"那么你是否会意识到，假如没有知识（包括资讯、心态、目标等）的准备，你将不会找到什么，也不可能碰到什么。知识的准备和积累，不仅仅是书本知识，而应该是广义的知识。

按照墨家的说法，知识大概有三种：一是亲知；二是闻知；三是说知。亲知是亲身体会得来的，即从实践中、从"行"中得来的；闻知是从旁人那儿得来的，或由师友口传，或由书本及其他传媒传达的，都属此类知识；说知是推想出来的知识，是新创的知识。从这个意义上说，调整心态、明确目标、采取行动的过程，实质也就是一个求知创新的过程。

一个人不能为读书而读书，读书的最终目的是为了实际生活当中的应用。生活中有不少人也经常在读书，甚至有的还自认为是博览群书、自命不凡，但是他们却没能将所学的知识做到活学活用，尤其是在商品经济的大潮中，这群平时不注意接近现实、对外界知之甚少或者完全不知的人，其结果是书读了和没读也没有太大的区别，甚至有的还带来了害处。

学习就是创新。在学习中创新，在创新中学习，学习创新，创新学习，循环往复，不断进步。一如苏联科学家齐奥尔科夫斯基所言："我在发明创造中学习。"因此，广义地说，学习是创新的唯一捷径，也是成功的唯一捷径。成功无止境，创新无尽时，学习无绝期。

人生感悟

<u>现实教育我们：即使是那些最聪明的智者，也要永远学习。所以成功的人生应该像河流，无论前方有多少艰难险阻，都必须矢志不渝，不断吸纳，不断积累，不断准备，最终会厚积而薄发的。</u>

努力读书，就能够改变命运

超越平庸，追求卓越，这是一句值得我们每个读书人一生追求的格言。平庸是什么？是碌碌无为，是得过且过，是不思进取，是将美好的人生浪费在烦琐的小事上。超越平庸，就是要努力读书，全力以赴去做有意

义的事情，而且做得比别人好，改变你自己的命运。

牛顿（Isacc Newton）于1642年12月25日出生于英国北部林肯郡的偏僻农村——伍尔索朴的一个农民家里，出生前2个月，牛顿的父亲就去世了。他的父亲名叫伊萨克，可他的母亲仍把儿子的名字叫做伊萨克，牛顿出生时才3磅，接生婆甚至没料到他能活下来，更没有料到他竟活到85岁高龄、而且成为了世界上出类拔萃的科学家。

牛顿两岁时，母亲改嫁给一个名叫巴顿的牧师，从此牛顿就由外祖母抚养。到了学龄期，牛顿被送到公立学校读书，12岁时进中学，寄宿在一家药铺里。在学校里，他读书成绩开始并不突出，还被老师称为"笨"学生。但他沉思默想，喜欢动手制作小玩具。例如读小学时，就制成了令人惊讶的精巧的小水车，在读中学时，自制了一个小水钟。黎明，水会自动滴到他脸上，催他起床。后来，巴顿病故，母亲领了两个妹妹、一个弟弟回到了家。母亲希望牛顿放牧耕种，14岁的牛顿就只好辍学在家。

牛顿心中充满理想，虽停学在家，还是一心想着各种学习问题。他在自家石墙上雕刻了一个太阳钟，争分夺秒地学习，母亲要他放牧，他牵马上山，边走边想着天上的太阳，待走到山顶想骑马，可是马跑得不见了，自己手里只剩下一条缰绳；叫他放羊，他独自在树下看书，以致羊群走散，糟蹋了庄稼。舅父叫佣人陪他一道上市场熟悉熟悉做交易的生意经，可是牛顿却恳求佣人一个人上街，自己躲在树丛后看书。有一次，他在暴风雨中测风速，浑身湿透。母亲简直惊呆了，怕他发疯，只好让他回到中学读书。牛顿如痴似疯地学习，一生闹出了许多笑话。一次，他边读书边煮鸡蛋，待他揭开锅子想吃蛋时，锅子里竟是一块怀表；还有一次，他请一位朋友吃饭，菜已摆在桌上，可是牛顿突然想到一个问题独自进了内室，很久还不出来。朋友等得不耐烦了，就自己动手把那份鸡吃了，骨头留在盘里，不告而别。隔一会儿，牛顿走了出来，看到盘子里的骨头，自言自语地说："我还以为自己没有吃饭呢！原来已经吃过了。"传说牛顿在其重要著作《自然哲学的数学原理》出版后的一天，强迫自己到剑桥大学附近的一个幽静的旅馆里去休息一下，但他怎么也静不下来。他见到人家洗衣盆里肥皂泡沫在阳光下呈现美丽的色彩，寻思着这里究竟是怎样的一个光学道理。于是就用麦秆吹起肥皂泡来，一本正经地吹着吹着，店主看了，颇为他惋惜：“一位快50岁的挺体面的先生，竟疯成这样子，整天吹肥皂泡。”

1661年，牛顿考上剑桥大学三一学院，学院的巴罗教授发现牛顿是个人才，推荐他当研究生。1665年，毕业后牛顿留在大学研究室。这年6月间，鼠疫流行，学校关闭，牛顿只好回到家乡。这期间，他把主要精力集中于科学研究。他系统地整理了大学里学习过的功课，潜心研究了开普勒、笛卡尔、阿基米德和伽利略等前辈科学家和主要论著，还进行了许多科学试验。

牛顿在科学史上的崇高地位是举世公认的。恩格斯曾指出："牛顿由于发现了万有引力定律而创立了科学的天文学，由于进行了光的分解而创立了科学的光学，由于建立了二项式定理和无限理论而创立了科学的数学，由于认识了力的本性而创立了科学的力学。"的确，牛顿在自然科学领域里作了奠基性的贡献。

虽然牛顿没有在改进折射望远镜方面取得成就，但是他成功地研制了反射望远镜，成为反射望远镜的发明人之一。早先罗马人祖基、法国的默森、苏格兰的格里戈里都进行过有关反射望远镜的设计，但都没有成功，牛顿是第一个制造反射望远镜的人。1668年，他造的第一个反射望远镜有6寸长，直径一寸。放大30到40倍。1672年，他送给皇家学会一个更大的反射望远镜，上面的题词是：伊萨克·牛顿发明并于1671年亲手制造的。就在这一年，牛顿被选为皇家学会会员。他提交给学会的一篇《光的颜色的新理论》的论文，提出了光的粒子性，这是牛顿的第一篇论文。不料，他的论点同皇家学会创始人之一、大科学家胡克的波动说冲突，于是引起了一场大论战（此场论战后来一直持续了近300年，直到20世纪初才以光的波粒二象性为结论而告一段落）。牛顿从消极方面吸取那篇论文引起争论的教训，他给朋友的信上说："我失去了平静而有意义的幸福生活，而被这无聊的争吵弄得心绪烦乱。这真是无聊透顶。我越来越后悔，不该轻率地发表那篇论文。"从此牛顿对自己著作的出版不再热心了，他把自己的研究成果写成手稿锁在箱子里，算是完成了任务。正如前面说过的，要是没有哈雷的积极鼓励，后来甚至像《自然哲学的数学原理》一书也许就不会出版了。

1705年，英国女王授给牛顿爵士头衔。

就是这样一个家庭贫困的人，在小时又被认为"笨"的孩子，在读书的过程中，在学习的成长中最终赢得了伟大的声名。

人生感悟

知识是一个人综合素质的基础，没有基础，也就无所谓素质。要想改变自己的命运，必须要掌握丰富的知识，我们一定要认识到，读书能够改变一个人的命运。

未来的成功从今天的读书开始

著名科学家毕思文曾做过一线煤炭工人，他在1975年到徐州学习成了技师、1997年成了副教授、硕士生导师，1999年成了教授、博士生导师。毕思文他是这样说的：

下井时我还不到16岁，1米44的个子，在井下一干就是5年。矿工的苦累和危险大家有目共睹，我曾亲眼看见一个同事被岩石砸扁，也曾在塌方前的最后一刻死里逃生，当时腿被支撑的柱子压住，怎么也拔不出来，而更大面积的塌方又在眼前，领导甚至已决定锯腿保人……一次次惊心动魄的痛苦使很多人离开了矿山，包括和我同时进来的很多同学，通过各种关系，或者调动，或者想办法弄个劳保。

我一直留在井下，而且干得很卖力，那时被人称为"矿山小老虎"，说不上对工作多么热爱，在没有别的选择的情况下，努力工作是我唯一能做的，我不甘心混日子。

下矿井时我初中还没有毕业，爸爸是一个爱学习的人，他说知识在任何时候都有用，让我自学。那时我一天要在井下8个小时，还要经常加班夺高产或者政治学习，常常12个小时不得闲，一天下来人困马乏。即使这样，我也每天坚持读书自学。夏天蚊子多，我就穿起长袖衣服，戴上帽子围巾，再把脚放到水盆里。在这样的"重重封锁"下，蚊子倒是不咬了，人却被热得头晕脑胀了……

因为肯吃苦，工作努力，干了3年采煤工后，我被送去学了半年的采煤技术。后来又到中专学地质，再后来就考上了大学。4年大学我一共修了3个专业，当时校长、班主任知道我选那么多课都很不满，觉得我会耽误专业的精进，不少同学也觉得我在出风头，而我自己的想法很简单，希望拓宽自己的专业面，打一个好基础。而且，那时的我对于学习有一种如饥似渴的热爱。

那时我的时间总不够用，宿舍晚上10点半熄灯，我就买上一打蜡烛，每天都要点到夜里两三点，早晨5点半就又起来，一直到中午休息10分钟——3个专业，80多门课，我必须抢出比别人多2/3的时间，否则根本拿不下来。大学结束时我做了3个毕业设计，参加了3个专业的论文答辩，这一时期的苦学，为我今后在地球科学方面的研究打下了很好的基础。

大学毕业后父亲希望我回矿山，继续从事技术工作，这样我又开始了边工作边学习的生活，而"博士"的理想却仍萦绕心头，挥之不去，后来我终于如愿以偿，不仅当上了博士，而且还拿到了北大、清华两个专业的博士后。

父亲在我拿到博士学位后跟我说："这只是科学道路的开始，不能只看学位，要名副其实。"——应该说这也是我对自己未来的要求。1997年我与一位德国科学家在藏北海拔5700米的高原上发现了一片黑色的岩石，当时德国科学家认为可能是油页岩，后来我经过进行走向追踪勘测，确认其为煤矿，这片煤矿一半在湖里，一半在山上，而且共有5层，其中一层有5米多厚，对于自古缺煤，一直以牛粪为燃料的西藏来说，这真是一个非常大的喜讯。

这种找矿的快乐是常人难以理解的，我们还曾在藏西北海拔4600米处发现过一片玉矿，开始都以为是石膏，经确认是玉矿后，我激动得想让全世界都分享我们的幸福。

如果我现在还在煤矿，即使再能干，充其量一天也只能出30立方煤，而从参与找矿到现在，我已经为国家发现了5000多万吨煤，我感谢矿山赋予我的吃苦精神和勇敢，同时更感谢知识赋予我的报效祖国和成就事业的快乐。

毕思文以他的"夜里挑灯读书"的学习方式成就了他自己对人生的价值，这也说明了在人生的道路上，我们也许不能预测天意，但是我们能掌控自己的命运，而读书恰恰为我们的事业奠定了基础。人生不可无书。"读一本好书，像交了一个益友。"面对广漠的大千世界，置身变幻的社会环境，谁都会遇到无穷的未知数，欲求答案，只有求教、读书、探索。在当今知识经济时代的重压之下，更需要我们广泛深入地读书学习，拥有更加广博的知识、精湛的技艺，去实现我们成功的未来。读书，是最为便捷的路径，正如朱熹所言，为有源头活水来，日积月累，细水长流，"读书破万卷，下笔如有神"，而不至于捉襟见肘、江郎才尽。每一点进步，都是坚持经常读点书的回报。

挤一点时间，少一点闲散，逛一逛书店，去去图书馆，或买或借，每月认认真真读它一本书，细心体味个中原委，感悟其间蕴藏的真谛，撷取书中的精华，擦拭人生之灯的浮尘，让自己获得感动、获得明白、获得成功。

人生感悟

为自己、为未来读书吧，这样我们才会看见成功的曙光，见到胜利的希望。

学习帮助成功

在众多的商业精英中，喜欢学习善于学习的人比比皆是。比尔·盖茨就是一个热爱学习的榜样。他在哈佛读大学期间别人热衷于谈恋爱，他却热衷于电脑软件和看关于财经的书籍。比尔·盖茨喜欢学习，学习使他拥有了丰富的知识，使他不仅在软件方面有了独特的贡献，而且在企业管理上也创出了一套适合现代企业的方法，这就是期权制，让主要员工获得公司股票的期权。不是说微软创造了上百个亿万富翁吗？现代很多大型企业都采用了微软的管理方式，比尔·盖茨在管理方式上的贡献也许比他在软件方面的贡献还要重要。

曾任美国财政部长的唐纳德·托马斯·里甘也是一个喜欢学习的典范。他在华尔街工作期间，在美国股票市场上兴风作浪，华尔街上翻云覆雨，是金融界里财雄势大的人物。

这样一个人物，原来是喜欢用知识武装自己，实践终身学习的一个人。他知识渊博而又善于分析，他强调知识在社会中起着相当重要的作用。他还善于思索，他的"思索"往往等于是一位作者由于要使一项大胆的构思有逼真感而对细节加以精细地描写。他常喜欢用苏格拉底式的问答法问自己：你真正想做的是什么？你为什么要做这件事？你现在在做些什么？你为什么这样做？

这便是他常常检验自己的法宝，他用"简单问题"的方式来达到他学以致用的目的。他具有广博的与证券经纪有关的知识，诸如有多少种类的证券及其利弊，各证券间如何买卖兑换，能够反映股票价格升降趋势的"价格指数"等都有深入透彻的研究；较好的法学知识又是他从事证券经济必不可少的；金融学（包括银行学）方面的知识也较为广博丰富。这些知识是构成他在股票市场中叱咤风云的一个方面。

他善于掌握信息，能准确分析行情是他极富操纵能耐的又一方面。在证券（股票）经营中，能否取得成功关键在于能不能充分掌握和利用一切有关信息，眼观六路，耳听八方，把握住经济金融的脉搏，正确加以分析，及时做出决断：哪些可买进，哪些应赶快卖出才能赚钱。为此，他根据美国大型股票市场只设在纽约、芝加哥和旧金山三地的十几家全国性交易所的特点，通过专门途径不时地掌握这十几个交易所的行情，自己分析判断，并根据"价格指数"进而做出决断。如20世纪70年代初电脑业开始迅速发展，生产电脑的公司其股票价格呈上涨趋势，它们的股票渐成热门货，他看准了这个行业大量买进这类股票，结果赚了大钱。

而这两方面都是他不断学习的成果。也正如里甘本人所说："我从不认为自己会是一个好的业务人才。我是很蹩脚的经营者，而这不是一种婉转的说法。我能理解业务如何进行，这使我很惊讶，因为我从未认为自己在这方面有任何天资。另一件使我惊讶的事是我把事情弄好之后所得到的满足感。"

李嘉诚也是一个终生学习的典型人物。他少年时代因战乱没有完成学业，这成了他最大的遗憾。因此，他决定做生意赚够100万后，就重新回学校念书。但当他赚到100万后，由于已经拥有了一个企业，要对员工负责，没办法回学校念书了，他就只好利用业余时间自修，这使他养成了每天晚上都要看书的习惯。为了避免晚上看书入迷忘了时间，影响第二天的工作，每次看书时，他都要设定闹钟。

正是这种热爱学习的态度，使李嘉诚成为了别人眼中的超人。他在经营塑胶工厂时，订阅了很多世界著名的塑胶工业杂志，从中了解世界市场和新产品技术。一次，他在杂志中发现美国研制出一种新的制造塑胶产品的机器，但价钱要2万美金，他买不起，便决定自行研制。

他勤奋地学习有关知识，36个小时不眠不休，最后成功地制作出了同样性能的机器。但成本却只有美国机器的1／10。这部机器制造出来的塑胶产品为工厂赚了不少钱，从此李嘉诚工厂的资产以每年至少10倍的速度增加。这就是热爱学习为李嘉诚带来的好处。

诚如唐纳德·托马斯·里甘所言："想做一个称职的企业家，必须养成终身好学的习惯，不断进取，永不知足。只有不断改进思维，更新知识，才能不断增长才干。"

人生感悟

你想拥有李嘉诚的智慧吗？你想拥有李嘉诚那样的财富人生吗？那就立刻学习吧。

腹有诗书气自华

前海协会会长汪道涵先生有句名言："读书就是生活。"据媒体报道，汪道涵先生去世后，在他身边工作过或者与他有过接触的人们，在深情地追忆这位老人时，反复提到他爱读书的这个特点。

大家回忆说，汪老最大的个人嗜好就是逛书店。在他身体好的时候，上海的大小书店里，经常可以见到他的身影。他喜欢买书，文学评论、历史专著、名人传略、音乐美术、科技专著、经济理论，无所不包。他的办公室和家里堆满了书籍，即使工作到了深夜，回家还要从床头的"书山"中取出一册看看。后来，他因病住进了瑞金医院，在他的病房里，也有两个堆满了各种书籍的小书架。

1993年"汪辜会谈"期间，他宴请辜振甫的晚宴只有9道菜，但是菜名巧妙地嵌入了对台湾同胞浓浓的骨肉之情：情同手足（乳猪与鳝片）、龙族一脉（乳酪龙虾）、琵琶琴瑟（琵琶雪蛤膏）、喜庆团圆（董园鲍翅）、万寿无疆（木瓜素菜）、三元及第（三种海鲜）、燕语华堂（官燕炖双皮奶）、兄弟之谊（荷叶饭）、前程似锦（水果拼盘）。这些菜名体现出命名者身上深厚的文化功底，台湾海基会的成员纷纷在这份菜单上签名，然后带回去留作纪念。

古诗云："腹有诗书气自华。"正是坚持读书，才造就了汪道涵老先生思路开阔、目光远大、睿智儒雅的学者型领导风格。

很多人都认为读书的主旨在于提高自己的素质。

当然，改变气质不一定要靠读书。古时候，有一个叫伯牙的人跟一个叫于成连的人学习弹琴，3年都没有学成。于成连告诉伯牙说：我的老师方子春现在正在东海。于是伯牙去找方子春，想要他帮助提高一下自己的艺术理解力。当伯牙经过方子春的指导以后，他的艺术理解能力有了大幅度的提高。

这一段记载说的是自然与艺术都可以改变气质。但是，就我们一般人而言，最简便的提高修养的方法是读书。

宋代的大文豪、大书法家黄庭坚说："人不读书便语言无味，面目可憎。"世上语言无味面目可憎的人很多，如今有许多拥有漂亮脸蛋的年轻人，不开口说话时让人觉得是一表人才，一开口说话却被人发现原来是一个绣花枕头。虽然读书与面孔漂亮没有关系，因为书籍并不是美容霜。但是一个人有没有修养，却与读书有着莫大的关系。

有人面目平常，然而谈起话来，竟使你觉得他很可爱；也有人满脸脂粉，做花瓶，做客厅装饰甚好，但一交谈就会感觉他风韵全无，索然无味。

谈吐修养可以决定面目，此处说的就是这个道理。黄庭坚所谓面目可憎不可憎也只是指读书人之议论风采。

书是一个人的立身之本。喜欢读书的人，学历可能不高，但一定有文化修养。有文化修养的人大都知书达理，处事冷静，善解人意。

经常读书的人，一眼就能从人群中分辨出来，特别是在为人处世上会显得更加从容、得体。

经常读书的人不会乱说话，言必有据，他们的每一个结论都是通过合理的推导得出来的，而不是人云亦云，信口雌黄。

经常读书的人，做事会思考，知道怎么才能想出办法。他们智商比较高，能把无序而纷乱的世界理出头绪，抓住根本和要害，从而提出解决问题的方法，他们做的每一步都是经过深思熟虑过的。这些都是平时不读书的人所欠缺的。

　　读书的时候还要有一颗豁达的心，这样才能体味书中的微妙之处，汲取书籍中的养料。古人云："熟读唐诗三百首，不会做诗也会吟。"现在更有这样一些女人，她们喜欢书。买书、读书、写书，书是她们经久耐用的时装和化妆品。爱读书的女人，她不管走到哪里都是一道美丽的风景。她可能貌不惊人，但她有一种内在的气质：幽雅的谈吐超凡脱俗，清丽的仪态无需修饰，那是静的凝重，动的优雅；那是坐的端庄，行的洒脱；那是天然的质朴与含蓄混合，像水一样的柔软，像风一样的迷人，像花一样的绚丽……普通的衣着，素面朝天，走在花团锦簇、浓妆艳抹的女人中间，反而格外引人注目。是气质，是修养，是浑身流溢的书卷味，使她们显得与众不同。"腹有诗书气自华"，这句名言对她们是再合适不过了。

　　读书的女人把大多数时间都耗用在读书上，读书对于她，是一种生命要素，是一种生存方式。与金玉其外，败絮其内的某些漂亮女人相比，她是懂得保持生命内在美丽的智者。

　　书让女人变得聪慧，变得坚韧，变得成熟。使女人懂得包装外表固然重要，而更重要的是心灵的滋润。和书籍生活在一起，永远不会寂寞。

人生感悟

　　从读书中获取的知识是最好的美容佳品，是一个人气质的时装，会让人保持永恒的美丽。

学问的趣味

　　梁启超（1873—1929），字卓如，号任公，笔名饮冰子、饮冰室主人等。广东新会人。中国近代资产阶级改良派的著名政治活动家、思想家、文学家和学者，戊戌变法主要领导人之一。主要著作有《清代学术概论》、《中国历史研究法》、《中国近三百年学术史》、《中国文化史》等。

　　梁启超先生曾写过这样一篇文章：

　　学问的趣味，是怎么一回事呢？这句话我不能回答。凡趣味总要自己

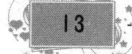

领略，自己未曾领略得到时，旁人没有法子告诉你。佛典说的："如人饮水，冷暖自知。"你问我这水怎样的冷，我便把所有形容词说尽，也形容不出给你听，除非你亲自喝一口。我这题目：《学问的趣味》，并不是要说学问是如何如何的有趣味，只是要说如何如何便会尝得着学问的趣味。

诸君要品尝学问的趣味吗？据我所经历过的，有下列几条路应走：

一、无所为而为

趣味主义最重要的条件是"无所为而为"。凡有所为而为的事，都是以另一件事为目的而以这一件事为手段。为达到目的起见，勉强用手段；目的达到时，手段便抛却。例如学生为毕业证书而做学问，著作家为版权而做学问，这种做法，便是以学问为手段，便是有所为。有所为虽然有时也可以为引起趣味的一种方法，但到趣味真发生时，必定要和"所为者"脱离关系。你问我"为什么做学问？"我便答道："不为什么。"再问，我便答道："为学问而学问。"或者答道："为我的趣味。"诸君切勿以为我这些话是故弄玄虚，人类合理的生活本来如此。小孩子为什么游戏？为游戏而游戏。人为什么生活？为生活而生活。为游戏而游戏，游戏便有趣；为体操分数而游戏，游戏便无趣。

二、永不止息

"鸦片烟怎样会上瘾"，"天天吃"。"上瘾"这两个字，和"天天"这两个字是离不开的。但凡人类的本能，只要哪部分搁久了不用，它便会麻木，会生锈。十年不跑路，两条腿一定会废了。每天跑一点钟，跑上几个月，一天不跑时，腿便发痒。人类为理性的动物，"学问欲"原是固有本能之一种，只怕你出了学校便和学问告辞，把所有经管学问的器官一齐打落冷宫，把学问的胃口弄坏了，便山珍海味摆在面前也不愿意动筷了。诸君啊！诸君倘若现在从事教育事业或将来想从事教育事业，自然没有问题，很多机会来培养你的学问胃口。若是做别的职业呢，我劝你每日除本业正当劳作之外，最少总要腾出一点钟，研究你所嗜好的学问。一点钟哪里不消耗了，千万不要错过，闹成"学问胃弱"的症候，白白让自己剥夺了一种人类应享之特权啊！

三、深入的研究

趣味总是慢慢地来，越引越多，像倒吃甘蔗，越往下才越得好处。假如你虽然每天定有一点钟做学问，但不过拿来消遣消遣，不带有研究精神，趣味便引不起来。或者今天研究这样，明天研究那样，趣味还是引不起来。趣味总是藏在深处，你想得着，便要进去。这个门穿一穿，那个门张一张，再不曾看见"宗庙之美，百官之富"，如何能有趣味？我方才说："研究你所嗜好的学问。"嗜好两个字很要紧。一个人受过相当教育之后，无论如何，总有一两门学问和自己脾胃相合，而已经懂得大概，可以作加工研究之预备的。请你就选定一门作为终身正业（指从事学者生活的人说），或作为本业劳作以外的副业（指从事其他职业的人说）。不怕范围窄，越窄越便于聚精神；不怕问题难，越难越便于鼓勇气。你只要肯一层一层地往里面钻，我保你一定被它引到"欲罢不能"的地步。

四、找朋友"碰撞"

趣味比方电，越摩擦越出。前两段所说，是靠我本身和学问本身相摩擦，但仍恐怕我本身有时会停摆，发电力便弱了，所以常常要仰赖别人帮助。一个人总要有几位共事的朋友，同时还要有几位共学的朋友。共事的朋友，用来扶持我的职业，共学的朋友和共玩的朋友同一性质，都是用来摩擦我的趣味。这类朋友，能够和我同嗜好一种学问的自然最好，我便和他搭伙研究。即或不然，他有他的嗜好，我有我的嗜好，只要彼此都有研究精神，我和他常常在一块或常常通信，便不知不觉把彼此趣味都摩擦出来了。获得一两位这种朋友，便算人生大幸之一。我想只要你肯找，断不会找不出来。

我说的这四件事，虽然像是老生常谈，但恐怕大多数人都不曾这样做。唉！世上人多么可怜啊！有这种不假外求，不会蚀本，不会出毛病的趣味世界，竟没有几个人肯来享受！古书说的故事"野人献曝"，我是尝冬天晒太阳滋味尝得舒服透了，不忍一人独享，特地恭恭敬敬地来告诉诸君，诸君或者会欣然采纳吧？但我还有一句话：太阳虽好，总要诸君亲自去晒，旁人却替你晒不来。

人生感悟

当把学问仅仅当成学问时，学问往往就成了压力和负担。以学为乐，读书上瘾，研究上瘾时，就体会到了学问背后的趣味。这篇文章说的是治学之道，其实也是为人之道。顺应自己的本性时，人生也该会分外精彩和有趣吧！

书可随缘境由心生

英国19世纪的著名作家狄更斯，小时候酷爱读书。他家有一座小阁楼，堆放着许多书，他常常一个人爬上去贪婪地读着，吸收其中丰富的知识。

高尔基没有上过学，但不等于他不读书。他通过自学，读了许多的书。小时候因为买书，曾挨过母亲的打。他当过苦工，当过学徒，每天都很劳累，但无论是在板棚里，在贮藏室，在寒冷的阁楼上，他总是偷空读书。刚满15岁，他已读过大仲马、雨果、巴尔扎克、龚古尔、海涅、菲尔丁、狄更斯、萧伯纳、普希金、莱蒙托夫、果戈理、屠格涅夫、陀思妥耶夫斯基、托尔斯泰等许多文学大师的名著。这些书不仅丰富了他的思想，扩大了他的知识领域，启发和引导他更好地认识世界，而且帮助他提高了文化水平和写作能力。鲁迅自己就说过："文章应该怎样做，我说不出来，因为自己的作文，是由于多看和练习，此外并无心得和方法的。"

C·S·刘易斯是英国20世纪著名的文学家、学者、杰出的批评家，也是公认的20世纪最重要的基督教作者之一。他毕生研究文学、哲学、神学，尤其对中古及文艺复兴时期的英国文学造诣尤深，堪称为英国文学的巨擘。

刘易斯在1898年2月生于北爱尔兰首府贝尔法斯特的一个有钱的清教徒律师之家。他从小就喜欢躲在小阁楼上读书和幻想，童年时代的生活平静安逸，但9岁时母亲不幸去世，这一经历直接影响了他笔下魔法世界的诞生。随后他就被送往英格兰一所严格的寄宿学校，从此逐渐远离了父亲。

他自幼喜读《格列佛游记》、麦克唐纳、内斯比特的作品以及北欧的神话和传说，有敏锐的观察力却不喜交际。15岁时他跟父亲的老校长生活在一起，在校长的指导下得到了文学和哲学方面良好的古典训练，并于1916年考上了牛津大学。

1917年，刘易斯应征入伍，参加了第一次世界大战，1918年在战斗中负伤，后复员，继续在牛津的学业。他26岁登上牛津大学教席。1925年至1954年在牛津大学任教，当选为牛津大学马格达伦学院研究员，担任英语与文学教职长达29年，教授古典文学。1954至1963年任剑桥大学中世纪及文艺复兴时期文学教授。

由于父母拥有极其丰富的藏书，儿童时代的刘易斯沉迷于阅读，以至于对他来说，书里的世界显得比户外的世界更真实、更有意义。因此在母亲去世以后，他很自然地在文学创作和学术研究中寻求安慰，并对形而上学和终极问题发生了浓厚的兴趣。无论是作为一个传统主义与保守主义的学者，还是作为一个基督教的热心辩护者，以及作为一个作家，刘易斯一生的方向都可以说是由他童年时代的独特经历决定的。

书籍带来的美感终其一生都是让人愿意俯首称臣，愿意因此而失去世间其他的娱乐和他人眼中的繁华。

董遇，东汉时人。因为他家乡一带兵荒马乱，少年董遇不得不和哥哥一起远走他乡。漂泊异地的兄弟俩靠打柴勉强度日。可即使在这种艰苦的环境下，董遇始终没有丢下书本。不论是上山打柴，还是上街卖柴，他口袋里总是装着书，一有空闲就抓紧阅读。功夫不负有心人，见缝插针的刻苦自学终于使董遇成了一位知识渊博的学者。

有人向他讨教读书做学问的方法。"书要熟读，读书百遍，其义自见。"至于这读书的时间嘛，董遇耐心地向来人解释："冬天，是一年的空余时间；夜晚，是一天的空余时间；阴雨天，是临时的空余时间。把这'三余'好好利用起来，能读多少书啊！"

读书这件事，其实也是不可经营的。读书便是读书，不必拘泥类别，拘泥姿势，拘泥规矩。读书只为自己高兴。有时候，深夜读书，蓦然回首，咦，那人不正在灯火阑珊处吗？这自是另一种欢喜。

很多时候，缓缓走过城墙似的书架，但中华上下5000年，一幕幕无比清晰裸露眼前，风过群山，内心清明而又饱满。境由心生，却不由心灭，埋头苦读，不觉东方又是大白。世上一日，书中千年，但觉人书合一，物我两忘，落花流水，天上人间。

这个世界永无止境地在竞争，也使每个人对人生的价值看法和野心都各不相同，正所谓"道不同，不相与谋"。有人爱书，有人怕输，一场人生，输赢之间竟成了角斗场。

人生感悟

书不和人争，安分守己，虽然书里也有争得死去活来的生命，可书从不和看书人争。

一边是修身，一边是养性

佛家有"人生一缘"的说法，从这个意义上讲林语堂与书是有缘了。少年时代的恋人赖柏英用爱的丝线没能"拴"住他，就是因为林语堂把读书看成了自己的至高理想。后来同《语丝》诸友交往，当林语堂意识到自己传统文化功底之薄弱，于是发愤读书。

林语堂40岁时的理想是："我要一个好书斋，一个好烟斗。""在我的书斋之前要修篁数竿，夏日要天气晴朗，万里一碧如海。"林语堂的书房四面全是书架，他名之为"有不为斋"。何谓"有不为"，大概就是随意随缘。有一次林语堂在同事书房找书，当看到这位留美学生竟将不多的藏书进行了细致而严密的分类，并马上找出那本书，标号580.73A。这令林语堂惊奇不已，说那同事真正是"美国式的效率"。但林语堂强调，他如此说并没有称赞同事的意思。

在林语堂看来，图书馆的图书可以如此分类，而一个穷书生则完全不必这样做，因为对后者来说书房的神秘乖巧就完全丧失了。如此理解书房表现了林语堂的聪慧和趣味，也显示出他一切随意随缘的情怀。林语堂还没想过在书房天花板上装一佛教的油灯笼，书房中要有油烟味和发霉的书味，以及无以名状的其他气味才好。林语堂曾到母校上海圣约翰大学演讲"读书的艺术"，引起了很大的反响和震动。因为学生对他大胆抨击当时的教育制度很有同感，也与他独特而富有创建的读书方法发生共鸣。林语堂曾说："我不喜欢二流的作家，我所要的是表示人生的文学界中最高尚的和最下流的。"所谓高尚者即是人类思想的源头者,如孔子、老子、庄子、柏拉图等;所谓下流者即是民间歌谣和苏州船户的歌曲。而其他如二流者则多从那两流"剽窃抄袭而来"。

因随缘之意,林语堂深恶那些为青年开的所谓"必读书目",也不同意有人所谓"古书有毒"以禁止学生读古书的话,天下本没有什么必读和不可读的书。由此,"头悬梁、锥刺股"也是他所反对的。他认为读书当凭兴趣,喜读则读,不爱读就放到一边不读。在他看来,将读书理解成"求知"和"心智进步"是不正确的,"读书之时如怀了这个念头,则读书的一切兴趣便完全丧失了"。所以,他非常重视读书的本意。在他看来,如果你高兴,在读书之时,将一条腿放到高处比如桌子和椅子上也没有关系。

很多时候林语堂也无法完全随意,比如在字典和工具书面前他就非常毕恭毕敬,对自己要求也格外规范和严格。出门时他总是随身带着那本袖珍英文字典,用他的话说,它只有两双袜子大小,但功用却不可低估。基于这种见解,林语堂非常注重工具书与参考书的编撰。

林语堂写过《我个人的梦》表达自己的美好向往:"换上便服,带一鱼竿,携一本《醒世姻缘》,一本《七侠五义》,一本《海上花》,此外行杖一支,雪茄五盒,到一世外桃源,暂做葛天遗民,'领现在可行之乐,补平生未读之书'。"由此看来,在林语堂的生活中,书已不是身外之物,那是"一缘",是生命中不可分割的一个部分。古人讲:读书的目的就是修身、齐家、治国、平天下。怎样修身?读书,就是一个好渠道。

有人说,以书为镜,可以修身立德。确实,当你读到一本好书时,就像眼前竖起了一面晶莹透亮的镜子。透过这面镜子,学问可以积累,问题可以得到解答,日积月累,既开阔了心境,增长了见识,又有利于为人处世,还可以明了天下大事而懂得荣辱是非,辨得出美丑善恶。读好书,如与圣贤交谈,可收到"玩古训以警心,悟至理以明志"的效果。

徐锡麟从6岁开始,就在家中的"桐映书屋"里埋头读书。由于他天资聪敏,又勤奋好学,所以不但读完了"四书五经",而且还通读了收藏在"桐映书屋"里的天文、算学、历史、地理等许多书籍。徐氏读书,以"三心","两结合"为特点。所谓"三心",即专心、细心、恒心。因他读书时以"三心"为主导,排除一切杂念,所以背诵课文又多又快,有"奇才"之称。每当读到书中重点和警句时,他就打上问号,然后去请教他父亲，直到学懂为止。他曾对人说："我每天要吃饭，我也每天要读书。若一天不吃饭，肚子就会饥饿；若一天不读书，脑子里也会饥饿。"

"两结合"一是读书与修身养德相结合。在其书桌上，放着他手抄的诸葛亮《诫子书》中的名言："夫君子之学，静以修身，俭以养德；非淡泊无以明志，非宁静无以致远"，并以之为座右铭；二是读书同锻炼身体相结合。在紧张的学习之余，他仍常到书屋外散步、打拳、做体操，以调节读书生活节奏。

法国大作家雨果说："种种蠢事，在每天阅读好书的影响下，仿佛烤在火上一样，逐渐熔化。"我国历史悠久，学派众多，讲修身养性的名典格言数不胜数，儒家讲博爱，墨家讲兼爱，道家讲无为，法家讲霸道，兵家讲策略，虽各家言论不同，但各有千秋，闪耀的都是人性的精华，是流传千古的经世哲学。对一个人来说，哪怕是只把儒家一家的精髓吃透了，那么无论是做人还是做事，都是大有益处的。像儒家的《论语》，里面大到齐家治国、小到日常起居，讲的都是很实用的东西。比如交朋友，《论语》提到：有益的朋友有3种，有害的朋友也有3种。教导我们要和正直的人，诚实的人，和见闻广博的人交朋友，这样才能有助于发展。如果与逢迎谄媚的人，与当面恭维、背后毁誉的人，与花言巧语的人交朋友，就会受到伤害。这些对我们处世都是至理名言。我们要认真学习，发扬光大。

所谓开卷有益，读任何书都吸取其中应有的养分，或学习作者写作的立意，或积累写作材料，或受到书中所讲事情的启发，从而自己反省自己为人为学做事作文之不足，学习书中好的为人处世办法，也可以在作文之道上有所提高。通过读书或者秉承书中的想法举一反三拓展思路深入思索，或者打开一扇通向一个新的学术世界、思想通道和人生境界的大门。佛所谓下一转语即成方便之门，有觉悟之说，就是指的这种情况。这一点非常重要：就是书要先学会正面读。要看到它对的地方，好的地方。其次才是书的反读，看到书中的谬误、错纰。

读书要有闲情逸致，要达到"宁静而致远"的境界，虽不必像古人那样——操琴于月下，行吟于竹林，却要拥有一份恬雅旷达的胸襟。不是用眼，而是用心。周末晚上，当许多人还沉醉于两人世界的缠绵悱恻中，或痴迷在虚拟的网络游戏中时，你选择了读书，青灯下，一本发黄的书卷，一杯浓浓的菊花茶，聆听文人们用笔奏响的岁月之歌。心海的浪花闪烁着碧玉般的光彩，汇成了一道美丽的虹，连接着心与月，也连接着心与心。

或者在夜深人静的时候，点燃一支红烛，在书海中做一个孤独的远行者，若窗外还下着蒙蒙细雨。雨打芭蕉，伴着摇曳的烛光，与鲁滨孙一起去航海，与施耐庵共演《水浒传》，与李白共吟"长风破浪会有时"，与马致远同唱"小桥流水人家"，再与路遥步入这《平凡的世界》，最后与曹雪芹做着同一个不朽的《红楼梦》。在书中实现了心灵的相碰，在书中学会了思想交流，那种深沉的体验，正如空谷幽兰为你送来的一缕芬芳，回环往复，绵绵不尽。

读一本书，其实就是要学会用心去感受月的朦胧、星的灿烂，花的嫣然，泪的晶莹，落英的飘零，还有生命的沧桑和美丽。开启书的扉页，缕缕墨香如醇醇的杨柳风，蒙蒙的杏花雨，在心田上萦绕，让心悄然绽放，散发出无数感悟的诗行。透过杏花杨柳，我们会看见远方的青山绿水，红莲婷婷，能体味到莺啼燕语、流水花香，还有那浓浓的淳情。"天生我材必有用"，让你懂得了自信；"语不惊人死不休"，告诉你什么叫执著。读书，让人懂得要做一个生活的强者，笑迎人生。读书，让人懂得珍视今天，让你的心不再孤独，读书的时候不再记起烦恼，让你拥有了一片静谧的心境。

业余时间，我们要多读像《古文观止》这样的书。《古文观止》共222篇，上起先秦，下至明代。它概述了百朝更替的盛衰兴亡，记录了众多贤哲的襟怀抱负。读这本书，就如同跨入了中国古籍文化的巍峨殿堂。

像李密的《陈情表》，王勃的《腾王阁序》，魏征的《谏太宗十思疏》，范仲淹的《岳阳楼记》，方孝孺的《深虑论》等，每篇作品，都焕发着奇异光彩，闪耀着真知灼见，叫人一读就难舍难分，越读越感到意蕴无穷。可以说，书中的哲理，小到修身养性，大到治国平天下，无所不涵。范仲淹《岳阳楼记》："不以物喜，不以己悲。居庙堂之高，则忧其民；处江湖之远，则忧其君。""先天下之忧而忧，后天下之乐而乐。"虽寥寥数十字，但字字掷地有声。读后，都会被他的那种境界、那种情怀所感染。

此外，南北朝时代北齐颜之推的《颜氏家训》、宋朝理学大儒朱熹的《朱氏家训》，清代的《曾国藩家书》、《左宗棠家书》、现代的《傅雷家书》等，都是我们修身养性必读之书。

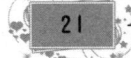

人生感悟

当你真正领略到书中的那份深蕴时，便有了一种自然的超脱，或许不再属于这个空寂的尘世。

热爱读书的民族才是优秀的民族

近来，一些中学生拿起几何书时，总是振振有词地念道："人生在世能几何，何必苦苦学几何，学了几何几何用，不学几何又如何。"

也许这些哼着小调的孩子并不知道，历史上多位伟人都受到了《几何原本》一书的影响。

《几何原本》是人类历史上第一个公理化的数学专著。

公元前300年左右，当时古希腊的科学家欧几里得受托勒密王的邀请来到亚历山大，开始他的研究与教学，《几何原本》就是他研究成果的结晶。

据说托勒密一世曾问欧几里得，除了他的《几何原本》之外，还有没有其他学习几何的捷径。

欧几里得回答说："几何无王者之道。"

还有一个学生才开始学第一个命题，就问欧几里得，学几何之后能得到什么好处。

欧几里得对身边的人说："快给他3个钱币吧，因为他想在学习中获得实利。"

欧几里得生活在古希腊文化科学的鼎盛时期，《几何原本》又是对这一时期数学成就全面系统的总结，在当时就产生了很大的影响。比如阿基米得到亚历山大城学习时，就进了欧几里得创办的学校，从《几何原本》上学到许多有价值的东西。

不仅如此，《几何原本》还深深地影响着后来诸多的哲学家与科学家。

牛顿的《自然哲学的数学原理》这部经典力学的圣经，无论从结构还是写作方法上看都有《几何原本》的影子。

曾担任过英国皇家学会会长的胡克说过，当他见到《几何原本》时，在一周内读了6遍。

一部《几何原本》仿佛就是一座灯塔，照亮了后人探索科学的道路。

如果说建筑、工具是人类物质文明得以延续的物化形态，那么书无疑就是人类精神文明得以传承的桥梁。

综观世界各国，凡是生命力顽强的民族，大多是崇尚读书的民族。犹太民族是全世界民族中读书最多的民族，平均每人每年读书64本。作为犹太人聚居地的以色列，它的人文发展指数（将出生时的预期寿命、成人识字率和实际人均国内生产总值等衡量人生三大要素的指标合成一个复合指数）居全世界第21位，是中东地区人文发展指数最高的国家。

犹太人酷爱读书，所以他们在亡国两千年之后，又能重新复国；犹太人酷爱读书，所以他们在复国之后，又能迅速成为一个现代化的国家；犹太人酷爱读书，所以他们在流离失所中诞生了马克思、爱因斯坦和门德尔松等无数杰出的思想家、科学家和艺术家；犹太人酷爱读书，所以他们不仅在全世界的富豪中名列前茅，而且在历届诺贝尔奖得主中也有很大的比例。一句话，酷爱读书使犹太民族成为一个优秀的民族。

人生感悟

热爱读书的人，必定是迈向成功的人；热爱读书的国家，必定是不断向上的国度。

读书乃天下第一"好事"

古今中外赞美读书的名人和文章，多不胜数。张元济先生有一句简单朴素的话："天下第一好事，还是读书。""天下"而又"第一"，由此可见他对读书重要性的认识。

为什么读书是一件"好事"呢？

也许有人认为，这问题提得幼稚而又突兀。这就等于问"为什么人要吃饭"一样，因为没有人反对吃饭，也没有人说读书不是一件好事。

但是，我却认为，凡事都必须问一个"为什么"，事出都有因，不应当马马虎虎，等闲视之。现在就谈一谈我个人的认识，谈一谈读书为什么是一件好事。

凡是事情古老的，我们常常总说"自从盘古开天地"。我现在还要从盘古开天地以前谈起，从人类脱离了兽界进入人界开始谈。自从人成了人以后，就开始积累人的智慧，这种智慧如滚雪球，越滚越大，也就是越积越多。禽兽似乎没有发现有这种本领，一只蠢猪一万年以前是这样蠢，到了今天仍然是这样蠢，没有增加什么智慧。人则不然，不但能随时增加智慧，而且根据我的观察，增加的速度越来越快，有如物体从高空下坠一般。到了今天，达到了知识爆炸的水平。最近一段时间以来，"克隆"使全世界的人都大吃一惊。有的人竟忧心忡忡，不知这种技术发展"伊于胡底"（出自《诗经·小雅·小旻》："我视谋犹，伊于胡底？"意为：到什么地步为止，形容结局不堪设想）。信耶稣教的人担心将来一旦"克隆"出来了人，他们的上帝将向何处躲藏。

人类千百年以来保存智慧的手段不出两端：一是实物，比如长城等；二是书籍，以后者为主。在发明文字以前，保存智慧靠记忆；文字发明了以后，则使用书籍。把脑海里记忆的东西搬出来，搬到纸上，就形成了书籍，书籍是贮存人类代代相传的智慧的宝库。后一代的人必须读书，才能继承和发扬前人的智慧。人类之所以能够进步，永远不停地向前迈进，靠的就是能读书又能写书的本领。我常常想，人类向前发展，有如接力赛跑，第一代人跑第一棒，第二代人接过棒来跑第二棒，以至第三棒、第四棒，永远跑下去，永无穷尽，这样智慧的传承也永无穷尽。这样的传承靠的主要就是书，书是事关人类智慧传承的大事，这样一来，读书不是"天下第一好事"又是什么呢？

但是，话又说了回来，中国历代都有"读书无用论"的说法，读书的知识分子，古代通称之为"秀才"，常常成为取笑的对象，比如说什么"秀才造反，三年不成"，是取笑秀才的无能。这话不无道理。在古代——请注意，我说的是"在古代"，今天已经完全不同了——造反而成功者几乎都是不识字的痞子流氓，中国历史上两个马上皇帝、开国"英主"——刘邦和朱元璋，都属此类。诗人只有慨叹"刘项原来不读书"。"秀才"最多也只有成为这一批地痞流氓的"帮忙"或者"帮闲"，帮不上的，就只好慨叹"儒冠多误身"了。

但是，话还要再说回来，中国悠久而优秀的传统文化的传承者，是这一批地痞流氓，还是"秀才"？答案皎如天日。这一批"读书无用论"的现身"说法"者的"高祖""太祖"之类，除了镇压人民剥削人民之外，只给后代留下了什么陵之类，供今天搞旅游的人赚钱而已，他们对我们国家竟无贡献可言。

总而言之，"天下第一好事，还是读书"。

人生感悟

读书是对文明和智慧最好的一种继承方式，通过书，我们完全可以站在巨人的肩膀上。想一想，古今中外那么多智慧的结晶，我们都能通过书而得到，该是一件多么快乐而幸福的事啊！

成为拥有个人资源的"知本家"

我们一定要坚信，掌握知识意味着你自己拥有一笔可贵的财富，而这种财富不是用金钱衡量的，它使得我们成为与众不同的人，成为拥有个人资源的"知本家"。千万不要放弃去学习的机会，因为这样你会失去人生一次重要的机遇。俄国著名作家奥斯特洛夫斯基曾在《钢铁是怎样炼成的》说过："人最宝贵的东西是生命。生命对人来说只有一次，因此，人的一生应当这样度过：当一个人回首往事时，不因虚度年华而悔恨，也不因碌碌无为而羞愧；这样，在他临死的时候，能够说，我把整个生命和全部精力都献给了人生最宝贵的事业。"是啊！面对着我们人生，我们应该辉煌地去生活，而不是平庸地活着。

著名火箭专家、导弹专家钱学森1911年12月11日出生于上海，早年曾在北京师大附中和交通大学读书。1934年暑假，他从交大毕业，考取了清华大学公费留学。

1935年8月的一天，钱学森从上海乘坐美国邮船公司的船只离开祖国。黄浦江浊浪翻滚，望着渐渐模糊的上海城，钱学森在心中默默地说："再见了，祖国。你现在豺狼当道，混乱不堪，我要到美国去学习技术，

他日归来为你的复兴效劳。"

钱学森到美国进入麻省理工学院航空系，学习成绩一直名列前茅。学工程要到工厂去实践，可当时美国航空工厂歧视中国人，所以一年后他开始转向航空工程理论，即应用力学的学习。1936年10月他转学到加州理工学院。

钱学森是慕名而来的，因为，坐落在洛杉矶市郊帕萨迪纳的加州理工学院航空系，有一位大名鼎鼎的空气动力学教授冯·卡门，是匈牙利人。可后来的事，钱老自己可能都没想到，自己能成为冯·卡门教授的研究生，并且成为其中的佼佼者，提升至了他的最得力助手。

当冯·卡门抬头仔细打量着这位仪表庄重、个子不高的年轻人，他提出几个问题让钱学森回答，钱学森稍加思索便异常准确地回答了他的所有提问。冯·卡门暗自赞许：这个中国人的思维敏捷而又富于智慧，他高兴地收下了这位学生。在加州学习和研究工作是非常紧张的，钱学森每天工作十几个小时，半天时间看书，半天时间讨论，晚上继续苦战。3年后，他以优异成绩获博士学位并留校任教，成为冯·卡门的得力助手。这期间，他不仅掌握了空气动力学的根本知识，而且已经站到了这门科学的最前沿。1939年，他研究航空结构，只用了一年时间，就取得了突破性的成就。

到加州理工学院的第二年，钱学森认识了研究火箭技术的同学F·J·马林纳。经马林纳介绍，钱学森参加了当时加州理工学院的马列主义学习小组，得识该小组的书记、化学物理助理研究员威因鲍姆。在小组里，钱学森同大家一起学习过恩格斯的《反杜林论》；每星期例会经常讨论时事。1938年冬，第二次世界大战爆发后，这个小组解散。

鉴于钱学森研究工作的出色成绩和美国战时军事科学研究的需要，他得以参加机密性工作。1944年，美国军方委托冯·卡门教授为首，马林纳为副，大力研究远程火箭。钱学森负责理论组，把林家翘、钱伟长也请了来，进行弹道分析、燃烧室热传导、燃烧理论研究等工作。与此同时，钱学森还担任了航空喷气公司的技术顾问。1945年初，他还被美国空军聘为科学咨询团团员。这一时期，他取得了在近代力学和喷气推进的科学研究方面的宝贵经验，成为当时有名望的优秀科学家。

第二次世界大战结束时，美国空军高度赞扬钱学森为战争的胜利做出的"巨大的贡献"。美国专栏作家密尔顿·维奥斯特认为，钱学森已是"制定使美国空军从螺旋桨式向喷气式飞机过渡，并最后向遨游太空无人航天器过渡的长远规划的关键人物"，"是帮助美国成为世界第一流军事强国的科学家银河中一颗明亮的星"。

　　1946年暑期，钱学森离开加州理工学院，再到麻省理工学院任副教授，专教空气动力学专业的研究生。1947年初，56岁的钱学森成为麻省理工学院的终身教授。同年夏季，钱学森请假回国探亲，9月中和蒋英（现中央音乐学院教授）结婚。蒋英是中国早期著名军事理论家蒋百里的三女儿，是在维也纳和柏林受过良好的音乐教育的女高音声乐家。

　　当中华人民共和国宣告诞生的消息传到美国后，钱学森和夫人蒋英按捺不住内心的喜悦，商量着早日赶回祖国，为自己的国家效力。此时的美国，以麦卡锡为首对共产党人实行全面追查，并在全美国掀起了一股驱使雇员效忠美国政府的歇斯底里狂热。钱学森因被怀疑为共产党人和拒绝揭发朋友，被美国军事部门突然吊销了参加机密研究的证书，这使他非常气愤。钱学森以此作为要求回国的理由，然而，钱学森万万没想到，他的回国意愿竟酿成了一场劫难！美国海军部长官恶狠狠地说："他知道所有美国导弹工程的核心机密，一个钱学森抵得上5个海军陆战师，我宁可把这个家伙枪毙了，也不能放他回红色中国去。"

　　钱学森通过自己在加州的努力学习，成为了一位可树之才、拥有渊博的知识，并得到了他老师的肯定，并且也让美国海军一位长官给予钱学森的学识进行了高度的评价。

　　人世间，无论是科学家、思想家还是艺术家、作家，大凡有一定成就的人都会掌握丰富的知识的，他们学习知识的时间也比普通人多上千倍，所以，他们能够成为对人类有突出贡献的人才资源。

　　知识是成为人才资源的根本，聪明而善于掌握知识的人，会变得更加聪明与好学、更有潜力、更有责任感，将来也一定能成为一个"知本家"。不太聪明但也努力地去掌握知识的人，即使学习的比较慢，将来通过很长时间的学习也会成为一个人才的。聪明而不想去学习或开始比较努力学习，后来慢慢变得不太爱学习了、懒惰了，这样最终不会成才的。

　　二战时英国著名首相温斯顿·S·丘吉尔先生出生于名门世家，为什么要读书？父亲曾官至财政大臣，离首相宝座只差一步之遥；母亲是美国一位大财阀的女儿，后来成为纽约、伦敦、巴黎三地社交界公认的第一美人。丘吉尔在这样显赫权势的家庭背景中成长着，按照我们的想法，丘吉尔怎么说将来也要读个剑桥或者牛津的硕士、博士之类的学位，然后再到政坛上混，便可如鱼得水，可丘吉尔的表现却令他的父亲极其失望。

虽然在英国最好的学校——圣·乔治、哈罗公学——读书，但他的成绩却是出奇的糟糕，成绩总是名列榜首——倒数。甚至因为顽皮，在圣·乔治学校差点被校长打死。鉴于丘吉尔糟糕的成绩，哈罗公学毕业后不可能进入剑桥、牛津大学读书，丘古尔只好去考军校，考了3次终于考上了桑赫斯特军事学校。可是丘吉尔为什么后来能在英国政坛上叱咤风云呢？他曾出任过内阁各个重要大臣职位：海军大臣、陆军大臣、财政大臣，直至首相。

他显赫的家世固然起到一定作用，但最根本的还是来自于丘吉尔渊博的学识以及由此造就的超人一等的智慧。从丘吉尔的求学经历来看，他似乎没读过什么书，的确，丘吉尔在12年的求学生涯中基本上是不学无术的——除了作文和历史稍好一点外。丘吉尔第一次感到有一种强烈的求知欲是在1896年冬，那时他刚满22周岁。当时他正在英军驻印度的第21轻骑兵团服役，工作之余，突然感到自己在许多科学领域里的知识都十分贫乏。从那时起，丘吉尔决定博览群书，他让母亲（父亲已于2年前去世了）给他寄来各种书籍——政治的、历史的、哲学的、经济的等。在接下来的两年里，丘吉尔日夜苦读，并由此养成了爱读书的习惯，读了大量的书籍，尤其是喜欢在旅行或者作为随军记者出征时带上一大包书籍。

丘吉尔先生聪明吗？不算太聪明，成绩倒数，考了3次才上了军校，但是凭借着博览群书，渊博的学识成为了二战时赫赫有名的政治家、演说家。"吃得苦中苦，方为人上人"，这是我们所知道的对不太聪明人的学习方法的阐释，经历过这么多的岁月，那些聪明的人尚且掌握知识、提升自己，我们这些芸芸众生是不是也应该把自己的精力更多地投入到学习中呢？

人生感悟

那些时代的巨人之所以给后世留下了那么多的成就，都应归功于他们学习的勤奋，他们只知道不断地掌握知识，去充实自己的大脑，为人类的进步提供了智力智慧，我们要做像他们一样有才华的人。

学习是一生都要做的事

　　孔子一生勤奋学习，到了晚年，他特别喜欢《易经》。《易经》是很晦涩难懂的，学起来也很困难，可是孔子不怕吃苦，反复诵读，一直到弄懂为止。因为孔子所处的时代，还没有发明纸张，书是用竹简或木简写成的，把许多竹简用皮条编穿在一起，便成为了一册书。由于孔子刻苦学习，竹简翻看的次数太多了，竟使皮条断了3次。后来，人们便据此创造出了"韦编三绝"这个成语，以传诵孔子勤奋好学的精神。

　　社会的竞争就像一场马拉松比赛，别人都在飞奔，你自己怎么能停止？所以"终身学习"已经成为十分迫切的需要。学习在我们年轻的时候，可以陶冶我们的性情，增长我们的知识；到我们年老时，它又给我们以安慰和勉励。

　　文坛星宿苏东坡，自幼天资聪颖，在他父亲的悉心教导下，学业大有长进。小小年纪博得了"神童"的美誉。少年苏东坡在一片赞扬声中，不免飘飘然起来。他自以为阅尽天下文章，颇有点自傲。一天，他兴之所至，挥毫写下了一副对联："识遍天下字，读尽人间书。"他刚把对联贴在门前，便被一位白发老翁看到了，他深感这位小苏公子也太过狂傲了，便想给他一个教训。

　　过了两天，老翁手持一本书，来面见小东坡，声称自己才疏学浅，特来向小苏公子求教。小苏东坡接过那本书，翻开一看傻了眼，那上面的字他竟一个都不认识。老翁见小东坡呆立在那儿，便又恭恭敬敬地说了声："请赐教。"这下，小东坡的脸红得像一块红布一样，无奈，他只得如实告诉老翁，他并不认识这些字。老翁听了哈哈大笑，捋着白胡子指了指那副对联，拿过书本，扭头走了。

　　小苏东坡望着老翁的背影，惭愧地提笔来到门前，在那副对联的上下联前各加了两个字：

发奋识遍天下字
立志读尽人间书

并以此联铭志，要活到老，学到老，永不满足，永不自傲。从此，他一改以往狂浪的姿态，手不释卷，朝夕攻读，虚心求教，最终成为北宋文学界和书画界的佼佼者，博得了唐宋八大家之一的盛誉。

所以我们青年人必须要把自己的精力与心思，放在收集、学习与研究那些以后自己的人生之旅所需要的知识、学问与技能上面，这就是要"再教育"。如何使自己成为人才呢？我们首先就要弄清我们所要成为的"人才"，到底有怎样的内涵？从经济层面看，人才就是特别为社会所需要的人。简单地说，社会需要两种以上知识相叠相补充的人。例如机械工业很有发展前途，但是现在在机械工业里，已大量介入电脑应用，机器配上电脑则可成为附加价值甚高的产品，因此其所需要的人才是即懂机械又懂电脑的人才，你若二者具备，就是他们需要的人才，你的机会就比只懂机械或电脑的人多。

在美国一般制造业的大公司里，要想升任总裁或副总裁等重要职位，必须既懂该公司产品制造的工业，又要懂得企业管理，只有这种人，才能将公司经营管理得更好。否则你即使再优秀，也只不过是一名优秀工程师而已，你最多做到工厂厂长，但却很难当上总裁。彼得扎克说："在人生的这场游戏中，你应当保持生活和学习的热情，不断地吸取能够使自己继续成长的东西来充实你的头脑。"因此在美国，很多公司的工程师都跑到学校再去念一个企管硕士，如此努力地"再教育"自己，公司对此也不会视而不见的，一般这样的员工大多会有更上一层楼的机会。

在我们的工作、生活中，需要相当多的知识和技能，这些在课本上都没有，老师也没有教给我们，这些东西完全要靠我们在实践中边学边摸索。可以说，如果我们不再继续学习，我们就无法取得生活和工作需要的知识，无法使自己适应急速变化的时代，我们不仅不能搞好本职工作，反而有被时代淘汰的危险。

当今，科学技术飞速发展。据美国国家研究委员会调查，半数的劳工技能在1—5年内就会变得一无所用。特别是在软件界，毕业10年后所学还能派上用场的不足1／4。我们只有以更大的热情，如饥似渴地学习、学习、再学习，才能使自己丰富起来，才能不断地提高自己的整体素质，以便更好地投入到工作和事业中。

许多人认为"学习是很辛苦的"，曾荣获"联合国和平奖"的日本著名社会活动家和国际创价学会会长池田大作却提出了享受"学习的喜悦"的观点。池田大作指出，人能否体会到"阅读的喜悦"，其人生的深度、广度，会有天壤之别。

终生学习在过去似乎更是一种人生的修养，而在今日，它成了人生存的基本手段。特别是近年来，随着新技术、新产品和新服务项目层出不穷，就业能力的要求随着技术进步的加速也在不断变化着，标准的提高，使得技术发展的要求与人们实际工作能力之间出现了差距。由此产生了一种相当普遍的社会现象：一方面失业在增加，另一方面又有许多工作岗位找不到合适的就业者；一方面争抢人才的大战异常激烈，另一方面又有大批在岗者被迫离开岗位。伴随着知识经济的来临，企业对劳动力不再只是数量需求，更重要的是对其质量有了新的标准和需求。强化知识更新，树立"终身受教育"的观念已成为时代的呼唤。

美国公司的企业主管，在录用新职员时都说："You will shape up or shape up."意思是："你要不断进取、发挥才能，否则将被淘汰。"竞争激烈的现代社会对职员的要求就是这样。突破现状、不断进取是事业成功的必备条件，也是时代的必然要求。

无论是出于外在竞争的压力，还是出于内在精神的需求，在现在这个信息时代、知识经济时代，学习不仅仅是一个学习时间的延长问题，而必须有其方式的革命，否则，我们仍是无法适应这个时代。对学习方式变革的迫切性和重要性，无论怎么形容都不会过分。

阿尔温·托夫勒把虽然想要学却不知道学习方法的人，叫作"未来文盲"。一个不懂学习方法的人，在过去不能算作一个文盲，但在未来他就是文盲，他的勤奋并不管用。"书山有路勤为径，学海无涯苦作舟"恐怕也得成为历史名言，因为"勤"和"苦"，都不再是这个时代学习方式的特征了。

终生学习，首先应当服从自身的生存目的。一个不明确自己生存目的的人，即使他改进了学习方法，即使他变得一目十行，一天能读4本书，甚至一分钟能读几万字，但他整个人生的生存状态是茫然无措的。这使我们想起了穆拉·那斯鲁丁的故事：

穆拉·那斯鲁丁在行色匆匆的人群中一路小跑着。有人问他："穆拉，你急着去哪里？"

"我不知道。"

"那你在干什么？"

"我在赶时间。"

每一个人都一定有自己的生存目的，它或许是有意识的，或许是无意识的。但是像穆拉这样，想必他每天就是没有一刻的闲暇，他也是不会取得成功的。

终生学习，"与书为友"的人是坚强的。因为他能自在地品味、汲取古人的精神财产，运用自如。这种人才是"心灵的巨富"，以钱财来说，就像拥有好几家银行一样，需要多少就能提取多少。要达到这种伟大的境界，最重要的是养成读书的习惯。

人生感悟

人的一生是一个逐步成长的过程。进行终生学习，是人在社会生存的最佳的选择。终生学习的充分发展，使社会向着学习型转化。终生学习的思想突出了学习者的中心位置，突出了学习与人的生命共始终。

更新知识，紧跟时代

三国时期，孙权部下吕蒙虽身居要职，但因小时候没有机会读书，学识浅薄，见识不广。有一次，孙权对吕蒙说："你现在身负重任，得好好读书，增长自己的见识才是。"吕蒙不以为然地说："军中事务繁忙，恐怕没有时间读书了。"孙权说："我的军务比你要繁忙多了。我年轻时读过许多书，掌管军政以来，又读了许多史书和兵书，感到大有益处。希望你也不要借故推托。"孙权的开导使吕蒙很受教育。从此他抓紧时间大量读书。后来，在一次交谈中，善辩的鲁肃竟然理屈词穷，被吕蒙驳倒。鲁肃不由感慨："以前我以为老弟不过有些军事方面的谋略罢了。现在才知道你学问渊博，见解高明，再也不是以前吴下的那个阿蒙了！"吕蒙笑笑："离别三天，就要用新的眼光看待一个人。今天老兄的反应为什么如此迟钝呢？"后来，孙权赞扬吕蒙等人说："人到了老年还能像吕蒙那样自强不息，一般人是做不到的。一个人有了富贵荣华之后，更要放下架子，认真学习，轻视财富，看重节义。这种行为可以成为别人的榜样。"

现在，我们正处在一个知识迅猛发展的时代，科学技术日新月异，知识迅速更新，要适应社会的发展就必须不断地学习。不意识到这一点，难免会成为新时代的文盲。

抱朴子曾这样说："周公这样至高无上的圣人，每天仍坚持读书百篇；孔子这样的天才，读书读到'韦编三绝'；墨翟这样的大贤，出行时装载着成车的书；董仲舒名扬当世，仍闭门读书，三年不往园子里望一眼；倪宽带经耕耘，一边种田，一边读书；路温舒截蒲草抄书苦读；黄霸在狱中还师从夏侯胜学习；宁越日夜勤读以求15年完成他人30年的学业……详读六经，研究百世，才知道没有知识是很可怜的。不学习而想求知，正如想求鱼而无网，心虽想而做不到。"

抱朴子又说："人性聪慧，但没有努力学习，必成不了大事。孔夫子临死之时，手里还拿着书；董仲舒弥留之际，口中还在不停诵读。他们这样的圣贤，还这样好学不倦，何况常人，怎可松懈怠惰呢？"

求知的传统要继承，苦读的精神要发扬，同时学习的观念也要发展。

昨天的文盲是不识字的人，今天的文盲是不会外语、电脑的人，那么，谁是明天的文盲呢？联合国教科文组织已对此做出了新的定义："不会主动求新知识的人。"

知识经济里的"知识"概念，已经比传统概念扩大了，它包括4个方面：

第一，知道是什么的知识，即关于事实方面的知识，如某地有多大面积、多少人口等。

第二，知道为什么的知识，即指原理和规律方面的知识，如物理定理、经济规律等。

第三，知道怎么做的知识，即指操作的能力，包括技术、技能、技巧和诀窍等。

第四，知道是谁的知识，包括了特定社会关系的形成，以便可能接触有关专家并有效地利用他们的知识，也就是关于管理、控制方面的知识和能力。

由此可见，这里的知识包括了科学、技术、能力、管理等。世界经合组织把第一、二类知识称为"归类知识"。第三、四类知识称为"沉默知识"，即比较难于归类和量度的知识。第一、二类知识可以通过读书和查

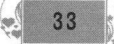

阅数据库、资料而获得，也可以通过传授而获得；而第三、四类知识，主要靠实践才能获得。其中第三类知识学习的典型例子是师带徒，言传身教，而且还必须通过亲身的实践才能学到手；第四类知识在社会实践中，有时还得通过特殊的教育环境学习。第三、四类知识是在社会上深埋着的知识，不易从正式渠道获得这些知识。

知识型经济的特征，是需要不断学习归类信息并充分利用这种信息，特别是在选择和有效利用信息的技能和能力变得更重要。选择相关信息，忽略不相关信息，识别信息中的专利，解释和解读信息以及学习新的技能，忘掉旧的技能，所有这些能力显得日益重要。由于"知识"概念的扩展，使得学习的环境、目的、方式、内容等都比传统概念大大扩展了。

现在，学习的过程并不完全依靠正规教育。在知识型经济中，边干边学是最重要的，学习的一个基本方面是将沉默知识转化为归类知识，并应用于实践中去。目前，由于信息技术的飞速发展，非正规环境下学习和培训是更普遍的形式。

正如安妮·泰勒在《创造未来》一书中所说："也许学校不再像学校。也许我们将把整个社区作为学习环境。"时代飞速发展，环境急剧变化，再也没有一劳永逸的成功，只有不断创新的人。因此你必须不断学习。学习是一种生活，一种生存方式。没有学习，便没了"生存"。学习，是一辈子的事。

人生感悟

<u>万丈高楼平地起，要事先打好牢固的基础；枝繁叶茂的大树，要靠深入地下的根系供应营养和稳固身躯。想要在这个知识加速更新的现代社会立足，或许昨天的知识今天可能就已经陈旧了。昔日的知识分子如果不加强学习的话，或许就会成为新的"文盲"。</u>

投资知识，产出一定大于投入

陈安之，亚洲成功学第一人，27岁就成为亿万富翁。但是你可曾知道，他曾经换过19份工作，而且19份工作还都做得不是很成功，甚至在经历了几年工作后，他的财产还是0.00元。但是他坚定的态度决定了他的成功。在他还是那样"穷困"的时候，他借钱去参加了全球著名培训大师安东尼（讲课收入一小时高达100万人民币）的一次培训。他受到了安东尼的感染，一下子领悟到了成功的真正含义。因此，要想成功就不要吝惜对知识所做的投资，哪怕当时的投资额是巨大的，可是你要坚信这样的投资的成果绝对是丰硕的。

在我们的周围，常常听到一些人抱怨现在教育费用太高、书籍太贵。可是他们可能没有意识到，这是对他们今后的人生所做的智力投资，而且这种投资足以关系你的一生。明智的人，宁肯节衣缩食，也绝不在这上面吝啬一分钱。

你必须意识到，只有真正的教育是对你最有利的投资，但是什么才是"真正的教育"？有人以为教育是指学校内的教育，或文凭、证书、学位等，但是这些并不能保证一定可以造就一个成功的人物。通用电器公司的董事长柯丁纳先生，曾经这样解释高级主管对于教育的看法，他说："公司里最出色的两个总经理，威尔森先生与柯夫茵先生，根本没念过大学。目前高级主管中虽然有人得了博士学位，但在41个高级主管中，仍有12人没有大学文凭。因为我们重视的是他们的能力，而不是文凭。"文凭是现代社会求职的一块有利的敲门砖，它可以使你相对容易地找到你心仪的工作，但它却不能保证你在这份工作中一定会有什么成就。

现在，人们更加重视的是能力，而不再是文凭。人们已经逐渐认识到，教育只是一个人大脑中资料的数量而已，这种死板的记忆并不能帮助你得到一直向往的事物：因为储藏资料的仪器设备愈来愈多，如果我们还只能做些一部机器就能做到的事，就会被时代所淘汰了。

教育可以帮你训练你的头脑，以便适应千变万化的各种情况，并且解决各式各样的难题。有意义的书刊也有类似的效果，因为这些书刊可以充实你的心灵，带来许多值得仔细思考的建设性资料。你每个月至少要买一本好书，同时订阅两种好杂志。这样，可以使你用最少的金钱和时间来吸收最新的观念。

有一天午餐时，拿破仑·希尔听到有人提道："订一份《华尔街》杂志一年要20美元，我付不起啊！"他的同伴却说："哈！不订才划不来呢！"你们说说看，这两个人的心态差异有多大。

真正的教育是那些值得我们去投资的那种教育，它可以发挥我们的智慧。拿破仑·希尔提到的一个人所受教育的好坏，是以他对思考的有效运用程度来衡量的。

任何足以改善思考能力的事情都是教育。你可以由许多不同的方式来获得自己所需要的教育。但是对于大多数人而言，接受教育的最佳场所，就是各种大学与专科学校，因为教育本来就是这些学校的作用与专长。

如果你还没念过大学，很可能急着挤进去就读。当你看到大学中种类繁多的课程时会很高兴。当你发现工作之余还来念书的都是些什么人时会更高兴。这些学生不是为了文凭才念书的人，他们都是社会中很有作为的中坚分子，有些人地位已相当高了。拿破仑·希尔在夜间部所教的一班25人中，有1个学生是12家连锁商店的老板，有2个学生是全国食物联盟的采购员，有4个学生是工程师，有1个是空军上校，还有几个身份地位也相当的高。

今天有许多人是在夜大拿到学位的，但是他们的学位只是一张薄纸而已，并不是他们念书的目的。他们花了许多金钱、时间和精力来读书，是为了进一步锻炼自己的头脑，因为这是对他们将来最扎实、最可靠的投资。每个星期抽一个晚上来读书，这样做会使你更积极、更年轻、更活泼；它也会使你各方面都跟得上时代；还会使你认识许多良师益友，他们都是跟你一样力争上游的青年才俊，对你是很好的激励者。

人生感悟

尽量从那些成功人物身上，挖掘使你自己也成功的线索，对于自己的将来好好投资吧。这样做，投入的甚少，而产出的甚多，这是你勤学好问应该做的事，是你创富成功的智力资源。

第二篇

读书的态度

为什么要读书

胡适（1891—1962）原名洪骍，字适之，安徽绩溪人。现代学者，历史学家、文学家、哲学家。曾师从美国实用主义哲学家杜威。宣传个性自由、民主和科学，积极提倡"文学改良"和白话文学，成为当时新文化运动的重要人物。比较重要的著作有《胡适文存》《胡适论学近著》《胡适学术文集》等。

胡适先生曾针对读书的态度问题做过如下一篇演讲：

青年会叫我在未离南方赴北方之前在这里谈谈，我很高兴，题目是《为什么要读书》。现在读书运动大会开始，青年会拣定了3个演讲题目。我看第二个题目《怎样读书》很有兴味；第三个题目，《读什么书》更有兴味；第一个题目无法讲，《为什么要读书》，连小孩子都知道，讲起来很难为情，而且也讲不好。所以我今天讲这个题目，不免要侵犯其余两个题目的范围，不过我仍旧要为其余两位演讲的人留一些余地。现在我就把这个题目来试一下看。我从前也有过一次关于读书的演讲，后来我把那篇演讲录略事修改，编入3集文存里面，那篇文章题目叫做《读书》，其内容性质较近于第二个题目，诸位可以拿来参考。今天我就来试试《为什么要读书》这个题目。

从前有一位大哲学家（宋真宗——编者）做了一篇《读书乐》，说到读书的好处，他说："书中自有千钟粟，书中自有黄金屋，书中自有颜如玉。"这意思就是说，读了书可以做大官，获厚禄，可以不至于住茅草房子，可以娶得年轻的漂亮太太（台下哄笑）。诸位听了笑起来，足见诸位对于这位哲学家所说的话不十分满意，现在我就讲所以要读书的别的原因。

为什么要读书？有3点可以讲：第一，因为书是过去已经知道的知识学问和经验的一种记录，我们读书便是要接受这人类的遗产；第二，为要读书而读书，读了书便可以多读书，第三，读书可以帮助我们解决困难，应付环境，并可获得思想材料的来源。我一踏进青年会的大门，就看见许多关于读书的标语。为什么读书，大概诸位看了这些标语就都已知道了，现在我就把以上3点更详细地说一说。

第一，因为书是代表人类老祖宗传给我们的知识的遗产，我们接受了这遗产，以此为基础，可以继续发扬光大，更在这基础之上，建立更高深更伟大的知识。人类之所以与别的动物不同，就是因为人有语言文字，可以把知识传给别人，又传至后人，再加以印刷术的发明，许多书报便印了出来。人的脑很大与猴不同，人能造出语言，后来更进一步而有文字，又能刻木刻字，所以人最大的贡献就是能累积过去的知识和经验，使后人可以节省很多脑力。非洲野蛮人在山野中遇见鹿，他们就画了一个人和一只鹿以代信，给后面的人叫他们勿追。但是把知识和经验遗给儿孙有什么用处呢？这是有用处的，因为这是前人很好的教训。现在学校里各种教科书，如物理、化学、历史等等，都是根据几千年来进步的知识编纂成书的，一年、两年，或者三年教完一科。自小学、中学，而至大学毕业，这16年所受的教育，都是代表我们老祖宗几千年来得来的知识学问和经验，所谓进化，就是叫人节省劳力。蜜蜂虽能筑巢，能发明，但传下来就只有这一点知识，没有继续去改革改良，以应付环境，没有做格外进一步的工作。人呢，达不到目的，就再去求进步，而以前人的知识学问和经验作参考。如果每样东西，要个个人从头学起，而不去利用过去的知识，那不是太麻烦了吗？所以人有了这知识的遗产，就可以自己去成家立业，就可以缩短工作，使有余力做别的事。

第二点稍复杂，就是为读书而读书，为求过去的知识而读书。不错，知识可以从书本中得来，但读书不是那么容易的一件事情，不读书不能读书，要能读书才能多读书。好比戴了眼镜，小的可以放大，模糊的可以看得清楚，远的可以变近，所以读书要戴眼镜。不读书，学问不能进去，读书没有门径，学问也不能进去。曾子说过，"经而已不足以致经"，所以他对于《本草纲目》、《内经》、小说，无所不读，这样对于经才可以明白一些，所谓"致已知而后读"，读书无非扩充知识而已。我12岁时，各种小说都看得懂，到了30年以后，再回头看，很多不懂。讲到《诗经》，从前以为讲的是男女爱情、文王后妃一类的事，从前是戴了一副黑眼镜去看，现在换了一副眼镜，觉得完全不同，现在才知道《诗经》和民间歌谣很有关系。对于民间歌谣的研究，近来很有进步，北平有《歌谣周刊》、《歌谣丛书》，关于各地歌谣收罗很广。我们如果能把歌谣的文章、社会学、人类学，研究一下，就可以知道幼稚时代的环境和生活很有趣味，例如《诗经》里有一段说："白茅包之，有女怀春，吉士诱之。"在从前眼光看来，觉得完全讲不通，现在才知道当时野蛮人社会有一种风俗，就是男子向女子求婚，要打野兽送到女家，若不收，便是不答应。还有《诗经》里"窈窕淑女"一节，从比较民族学眼光看来，我们可以知道当时社会的人，吃饭时可以打鼓弹琴，丝毫没有受礼教的束缚。再从文法方面来观察，像《诗经》里"之子于归"、"黄鸟于飞"、"凤凰于飞"的"于"字，此外，《诗经》里又有几百个"维"字，这些都是有作用无意义的虚字，但以前的人却从未注意及此。所以书是越看越有意义，书越多读越能读书。再说在《墨子》一书里，差不多各种学问都有，像光学、力学、逻辑、算学、几何学上的圆和平行线，以及经济学上的购买力和货币，几乎什么都讲到了，但你要懂得光学，才能懂得墨子所说的光，你要懂得各种知识，才能懂得墨子。总之，读书是为了要读书，多读书更可以读书。最大的毛病就在怕读书，怕书难读。越难读的书我们越要征服它们，把它们作为我们的奴隶或向导。我们要打倒难读，这才是我们的"读书乐"，若是我们有了基础的科学知识，那么，我们在读书时便能左右逢源。我再说一遍，读书的目的在于读书，要读书越多才可以读书越多。

第三点，读书可以帮助解决困难，应付环境，供给思想材料，知识是思想材料的来源。思想可分作5步，思想的起源是大的疑问。吃饭拉屎不用想，但逢着三岔路口，十字街头那样的环境，就发生困难了。走东或是走西，这样做或是那样做，困难很多。病有各样的病，发烧、头痛，多得很。第二步要把问题弄清，困难弄清。第三步才想到如何解决。读书就是出主意，暗示，但主意很多，于是又逢着困难。主意多少要看学问多少，都采用也不行。第四步就是要选择一个假定的解决方法。要想到这一个方法能不能解决，若不能，那么，就换了一个，若能就行了。这好比开锁，这一个钥匙开不了就换一个，假定是可以开的，那么，问题就解决了。第五步就是试验。凡是有条理的思想都要经过这5步，或是逃不了这5个阶段。科学家要解决问题，侦探要侦探案件，多经过这5步。第三步主意或暗示很多，若无主意，便无办法，没有主意，便不知道怎样办，这是因为知识不够，学力不足，经验不丰富，从来没有想到，所以到要解决问题时便没有材料。读书是过去知识学问经验的记录，而知识学问经验就是要用在这时候，所谓养军千日，用兵一朝。否则，学问一些都没有，遇到困难就要糊涂起来。例如达尔文把生物变迁现象研究了几十年，却想不出什么原则去解决，后来无意中看到马尔萨斯的《人口论》，说人口是按照几何学级数一倍一倍地增加，粮食是按照数学级数增加，达尔文研究了这原则，就把这原则应用到生物学上去，创了物竞天择的学说。譬如一条鱼可以产生200万鱼子，这样，太平洋应该占满了，然而大鱼要吃小鱼，更大的鱼要吃大鱼，所以生物要适应环境才能生存。但按照经济学原则，达尔文主义是很没有条理的，而我们读书就是要解决这个困难。又譬如从前的人以为地球是世界的中心，后来天文学家哥白尼却主张太阳是世界的中心，绕着地球而行。据罗素说，哥白尼所以这样的解说，是因为希腊人已经讲过这句话，哥白尼想到了这句话可以解决这问题，便采用了。假使希腊没有这句话，在六十几年之后恐怕没有人敢说这句话吧。这就是读书的好处。像这样当初逢着困难后来得到解决的事很多，单说我个人就有许多。在我的书房里有一部小说叫做《醒世姻缘》，是西周生所著，自然用的是假名字，这是17、18世纪间的出品，印好在家藏了6年。这部小说讲到婚姻问题，其内容是这样：有个好老婆，不知何故，后来忽然变坏，作者没有提及解决方法，也没有想到可以离婚，只说是前世作孽，因为在前世男虐待女，女就投生换样子，压迫者变为被压迫者。这种前世作孽，起先相爱，后来忽变的故事，我仿佛什么地方看见过，后来在《聊斋》一书中见到一篇和这相类似的笔记，也是说到一个女子，起先怎样爱着她的丈夫，后来怎样变为凶太太，便想到这部小说大约是蒲留仙或是蒲留仙的朋友做的。去年我看到一本杂志，也说是蒲留仙做的，不过没有证据。今年我在北平，才找到了证据。这一件事可以解释刚才我所说的第二点，就是读书是为了要读书而读书；同时也可以解释第三点，就是读书可以供给出主意的来源。当初若是没有主意，到了逢着困难时便要手足无措，所以读书可以解决问题，就是军事、政治、财政、思想等问题，也都可以解决，这就是读书的用处。我有一位朋友，有一次傍着洋灯看小说，洋灯装有油，但是不亮，因为灯芯短了。于是他想到《伊索寓言》里有一篇故事，说是一只老乌鸦

第二篇 ◆ 读书的态度

要喝瓶中的水，因为瓶太小，得不到水，它就衔石投瓶中，水乃上来。这位朋友是懂得化学的，加水于灯中恐怕不亮，于是投以铜元，油乃碰到灯芯。这是看伊索寓言看小说给他的帮助。读书好像用兵，养兵求其能用，否则即使有十万二十万的大兵也没有用处，有的时候还要兵变呢。

至于《读什么书》，下次陈钟凡先生要讲演，今天我也附带地讲一讲。我从5岁起到了40岁，读了35年的书。究竟有几部书应该读，我也曾经想过。其中有条理有系统的书可以说是还没有两三部，至于精心结构之作，2500年以来恐怕只有半打。譬如《佬刊》这部书，今天说一句"道可道"，明天又说一句"非常道"，没有一些系统。集是杂货店，史和子还是杂货店。至于《诗经》、《礼记》、《易经》也只有一点儿形式，讲到内容，可以说没有一些东西可以给我们改进道德增进知识的帮助的。中国书不够读乐趣，我们要另开生路，辟殖民地。读书要读到有乐而无苦。能做到这地步，书中便有无穷。希望大家不要怕读书，起初的确要查阅字典，但假使能下一年苦功，能把所读的书的内容句句分析清楚，这样的继续不断做下去，那么，在一二年中定可开辟一个乐园，还只怕求知的欲望太大，来不及读呢。我总算是老大哥，今天我就根据我过去35年读书的经验，给你们一些贡献。

人生感悟

　　总结一下。胡适先生关于为什么要读书的讲话。大体包含以下三点：承前启后、储备知识、学以致用。想一想，这三点实际上也是社会进步的一个缩影，描绘的是人类文明传承的脉络。

把阅读看成一种"宗教"

　　曹文轩，1954年生于江苏盐城。中国作家协会全国委员会委员，北京大学教授。主要作品有《忧郁的田园》、《暮色笼罩下的祠堂》、《山羊不吃天堂草》等；学术性著作《中国八十年代文学现象研究》、《思维论》等。近作《细米》获第六届（2001—2003）全国优秀儿童文学奖。

对于读书，他曾经写过这样一篇文章：

阅读应当被看做是人类的一个文明的行为，也可以说，人类的文明与阅读是密不可分的。阅读使人类走出了蛮荒，阅读使人类有了自己的历史。实际上，阅读史与文明史几乎就是同样的历史。我一直认为一个人最迷人的、最值得赞美的、也是最经得起审美的一个姿态，是阅读的姿态。不论是你坐在桌子跟前，还是说很休闲的时候躺在床上，甚至是坐在厕所里，我都以为是人世间最优雅的一个姿态。那么，这个姿态在一个人的童年、少年时代我想他就应该有的。我们常常说，这个人有书卷气，我们在给这个人做这样一个评价的时候，实际上是在说这个人是世界上最有质量的人。书卷气哪里来？书卷气就是通过长期的阅读慢慢形成的。它从人的灵魂与骨头、从人的眼底无声无息地散发出来。我在北大讲过这样一个事情，我说，如果有一些人不阅读，造物主造出的这个人质量其实是很差的。我见过许多先生，这些先生我对他们很崇敬，但是有时候我暗暗地一想，这个人如果不读书，他将会怎么样？他们长得很丑，长得很不好看，唉，就是通过阅读，这个时候他产生了一种气质。这个气质我认为是人世间最美丽的东西。这时我发现我面前站着的那个个子矮小的先生，是世界上最伟岸的人。

我曾经说过一句话：我们应当将阅读看成是一种宗教，一种超越任何宗教的一个宗教，把阅读看做是一个宗教行为。我以为一个正当的、有效的阅读应当将对经典的阅读看做是整个阅读过程中的核心部分。

何谓经典？在我的印象中，在我的阅读中，觉得所谓的经典就是那样一种东西，我把它看成是至高无上的。这里的阅读是一种仰视，就是事情到这里为止不能再过去了，就像来到一座高山下面。经典肯定是与时间有关系的，对于现在的东西，我只能这么说，它可能成为经典。经典的作品肯定是能说出一些东西来的，不是不能把握的，比如说它的艺术性，比如说它反映的那个问题代表了人类存在的基本状态，等等。

对时尚文字的阅读是必要的，但一个人倘若将时尚文字作为阅读的全部，那么这种阅读注定是一种低质量的阅读。而事实是现在的阅读不论是成人的，还是孩子的阅读，往往为时尚的文字所包围，使他们无法接受经典，特别是孩子。我想，这个现实是应当被我们关注的。

我曾经在许多场合反对过一个说法，就是许多人认为儿童文学是给孩子带来快乐的文学，我说不对，这个定义是错误的，这个定义应该修改为：儿童文学是给孩子带来快感的文学，而这个快感包括悲剧性快感。你看安徒生的童话有几个是让你快乐的？不是！它是让你悲哀的，让你忧伤的，让你意识到这个世界存在的一些人的那种苦难，甚至说是巨大的苦难。我在许多地方用一个非常通俗的语言来说，说你们都在给孩子制造的那种快乐叫"傻乐"，一个小孩如果长期在傻笑中长大，那么长大了他不是个白痴，也是个准白痴。但是这个观念我们现在几乎是无法纠正的。一个孩子如果不能使他回到经典性的文字，而长期沉落于这些轻飘的、快乐的、没有忧伤的文字，我怀疑这种阅读在建构孩子的精神世界和培养孩子优良的心理素质方面，它起到一个怎么样的作用？

我想，一个孩子理想的阅读应该从阅读经典开始。

人生感悟

阅读，启迪的是阅读者的大智慧，影响到的是一个人的世界观。换言之，这样的阅读将会为我们建起一个辉煌的精神殿堂。那些经典之作，即是搭起这座宫殿的砖瓦，也是走向宫殿的通道。

读书是一种兴趣

邓友梅，1931年出生于天津。曾用笔名方文、于冬、南补天等。原籍山东平原。历任中国作协理事、作协书记处书记等职。出版小说集《京城内外》、《烟壶》等。他以描写市井生活和市民文化见长，以生动简练的笔锋刻画民俗风情，赋予历史的感悟，透露出浓浓的"京味"。

邓友梅曾针对读书的态度问题说过这样一番话：

我读书的起点太低、动机也俗，从不敢向人提起。我只上过4年学，从12岁就打工谋生。纯粹是为了消遣才到书摊儿上租书来读，小摊儿只能租到言情小说、武侠小说。坦白地说那时也只有这类小说我才读得懂，而且读得蛮入迷。这些书一定给了我许多不良影响，我怀疑我这一生总出纰漏一定与它们有关。不过也给了我好处，一是养成了读书的习惯，二是提高了语文水平，三是使我对文学艺术发生了兴趣。

参加革命军队后，与这些书绝了缘，但读书的习惯仍保持下来了。战争时期无法对书选择，抓到什么就读什么。我读了赵树理、刘白羽等人的书，还从地主家捡到一本没头没尾的小说，读了许多遍，很有兴趣却不知是何书名。解放后想当作家，学习古典文学又碰到了这一段书，才知它是《红楼梦》的第七回到第十一回。非常惭愧的是我仍用读武侠小说、言情小说的态度读它们，只读得入迷而不知严肃认真地去学习它们的思想与艺术。后来我想要当作家，进了中央文学讲习所，这才系统地学习文学知识，这才懂得读一篇小说要研究它的时代背景、作家生平、主题思想、章法结构、艺术风格、语言特点……自己觉得有了学问，学会了读书方法。可惜从此读书成了苦差，再没有以前读书那种完全投入如醉如痴的快感了！可谓有得有损。

1957年被错划成右派，断了当作家的念头。不想从读书中学什么写作诀窍了，又兴之所至的用读书来消愁解闷，这才重又享受到读书的乐趣。奇怪的是，凡我认真做过分析、研究、正襟危坐要学习好的书，多半不留什么印象，倒是那些随意而读、兴趣极浓、全心投入、不抱什么学习借鉴目的而读的"闲书"，久久不忘，在我写作时有形无形得到了帮助。这些话很难言之成理，我从不敢对人乱讲。我只是自己认定一条，读政治书、理论书、科学书时规规矩矩、正襟危坐、认真思考，讲究系统性、科学性，读小说、杂书、闲书，大可不必给自己定太多规矩，哪本有趣读哪本。法国的西蒙得过诺贝尔奖，可是我不懂，读起来自己没兴趣，略翻翻知道个大概就算完。某个作家虽然名气不如西蒙大，但我读了入迷，就多读两遍。若怕人笑话自己水平不高，不妨把西蒙的书放在桌上让外人看到；把自己爱看的书，放在抽屉里自己悄悄去看就是了。读托尔斯泰、巴尔扎克自然高尚，读梁羽生、琼瑶也没什么不应当。文学的欣赏水平是逐步提高的，只要内容健康，管它是通俗文学还是纯文学，够水平还是不够水平，哪本读来有趣读哪本，自己满意就好。

人生感悟

生活中好多事情都是这样，目的性过于强烈，反而会求之而不得，

甚至可能物极而反。不经意间的信手拈来。顺其自然，反而事半功倍。这大概就是"众里寻她千百度，蓦然回首，那人却在灯火阑珊处"的意境吧！

无书的日子巧打发

冯骥才，当代作家。原籍浙江慈溪，1942年生于天津。著有长篇小说《义和拳》（与李定兴合著）、《神灯前传》，中篇小说集《铺花的歧路》、《啊！》、《神鞭》、《三寸金莲》，短篇小说集《雕花烟斗》、《意大利小提琴》，电影文学剧本《神灯》等。部分作品已被译成英、法、德、日、俄等文字在国外出版。现任中国文联副主席、中国小说学会会长、中国民间文艺家协会主席等职。

冯骥才先生曾经写过这样一篇文章：

你出外旅行，在某个僻远小镇住进一家小店，赶上天阴落雨，这该死的连绵的雨把你闷在屋里。你拉开提包锁链，呀，糟糕之极！竟然把该带在身边的一本书忘在家中——这是每一个出外的人经常会碰到的遗憾。你怎么办？身在他乡，陌生无友，手中无书，面对雨窗孤坐，那是何等滋味？我吗，嘿，我自有我的办法！

道出这办法之前，先要说这办法的由来。

我家在"文化大革命"初被洗劫一空。藏书千余，听凭革命造反者们撕之毁之，付之一炬。抄家过后，收拾破破烂烂的家具杂物时，把残书和哪怕是零零散散的书页万分珍惜地敛起来，整理、缝订，破口处全用玻璃纸粘好；完整者寥寥，残篇散页却有一大包袱。逢到苦闷寂寞之时，便拿出来读。读书如听音乐，一进入即换一番天地。时入蛮荒远古，时入异国异俗，时入霞光夕照，时入人间百味。一时间，自身的烦扰困顿乃至四周的破门败墙全都化为乌有，书中世界与心中世界融为一体——人物的苦恼赶走自己的苦恼，故事的紧张替代现实的紧张，即便忧伤悒郁之情也换了一种。艺术把一切都审美化，丑也是一种美，在艺术中审丑也是审美，也是享受。

但是，我从未把书当做伴我消度时光的闲友，而把它们认定是充实和加深我的真正伙伴。你读书，尤其是那些名著，就是和人类历史上最杰出的先贤智者相交！这些先贤智者著书或是为了寻求别人理解，或是为了探求人生的途径与处世的真理。不论他们的箴言沟通于你的人生经验，他们聪慧的感受触发你的悟性，还是他们天才的思想与才华顿时把你蒙昧混沌的头颅透彻照亮——你的脑袋仿佛忽然变成一只通电发光的灯——他们不是你最宝贵的精神朋友吗？

半本《约翰·克利斯朵夫》几乎叫我看烂，散页中的中外诗词全都烂熟于我心中。

然而，读这些无头无尾的残书倒别有一种体味，就像面对残断胳膊的维纳斯像时，你不知不觉会用你自己最美的想象去安装它。书中某一个人物的命运由于缺篇少章不知后果，我并不觉得别扭，反而用自己的想象去发展它、完成它。我按照自己的意志为它们设想出必然的命运变化和结局。我感到自己就像命运之神那样安排着一个个有意味的生命历程。当时，我的命运被别人掌握，我却掌握着另一些"人物"的命运。前者痛苦，后者幸福。

往往我给一个人物设计出几种结局，小说中人物的结局才是人物的完成。当然我不知道这些人物在原书中的结局是什么，我就把自己这些续篇分别讲给不同的朋友听。凡是某一种结局感动了朋友，我就认定原作一定是这样，好像我这才是真本，听故事的朋友们自然也都深信不疑。

"文化大革命"后，书都重新出版了。常有朋友对我说："你讲的那本书最近我读了，那人物根本没死，结尾也不是你讲的那样……"他们来找我算账；不过也有的朋友望着我笑而不答的脸说："不过，你那样结束也不错……"

当初，续编这些残书未了的故事，我干得挺来劲儿，因为在续编中，我不知不觉使用了自己的人生经验，调动出我生活中最生动、独特和珍贵的细节，发挥了我的艺术想象。而享受自己的想象才是最醉心的，这是艺术创造者们所独有的一种感受。后来，又是不知不觉，我脱开别人的故事轨道，自己奔跑起来。世界上最可爱的是纸，偏偏纸多得无穷无尽，它们是文学挥洒的无边无际的天地。我开始把一张张洁白无瑕的纸铺在桌上，写下心中藏不住的、唯我独有的故事。

写书比读书幸福得多了。

读书是欣赏别人，写书是挖掘自己；读书是接受别人的沐浴，写作是一种自我净化。一个人的两只眼用来看别人，但还需要一只眼对向自己，时常审视深藏自身中的灵魂，在你挑剔世界的同时还要同样地挑剔自己。写作能使你越来越公正、越严格、越开阔、越善良。你受益于文学的首先是这样的自我更新和灵魂再造，否则你从哪里获得文学所必需的真诚？

读书是享用别人的创造成果，写书是自己创造出来供给他人享用。文学的本质是从无到有，文学毫不宽容地排斥仿造，人物、题材、形式、方法，哪怕别人甚至自己使用过的一个巧妙的比喻也不容在你笔下再次出现。当它所有的细胞都是新生的，才能说你创造了一个新生命。于是你为这世界提供一个有认识价值、并充满魅力的新人物，它不曾在人间真正活过一天，却有名有姓有血有肉，并在许许多多读者心底形成并深刻地存在着；一些人从它身上发现身边的人，一些人从它个性中发现自己；人们从中印证自己，反省过失，寻求教训，发现生存价值和生活真谛……还有，世界上一切事物在你的创作中，都带着光泽、带着声音、带着生命的气息和你的情感而再现，而这所有一切又都是在你两三尺的小小书桌上诞生的，写书是多么令人迷醉的事情啊！

在那无书的日子里，我是被迫却又心甘情愿地走到这条道路上去的，这便是写书。

无书而写书，失而复得，生活总是叫你失掉的少，获得的多。

嘿嘿，这就是我要说的了——

每当旅行在外，手边无书，我就找几块纸铺展在桌。哪怕一连下上它半个月的雨，我照旧充满活力、眼光发亮、有声有色地待在屋中。我可不是拿写书当做一种消遣，我在做上帝做过的事——创造生命。

人生感悟

无书便写书，大概是只有作家才能拥有的专利。我们普通人不见得都能写书，但在无书的日子，也可以将曾经读过的书在记忆中回想一下。默念几首古诗，想想某篇妙文，这也算是一件乐事吧！

听人读书也欢欣

张承志，当代作家、学者。1948年生于北京，回族。原籍山东济南。20世纪八九十年代，以"理想主义气质"著称。代表作有《北方的河》、《黑骏马》、《清洁的精神》、《心灵史》，其中1991年出版的《心灵史》，有评论认为是当代文坛少见的"寻找精神价值，向世俗挑战的旗帜"。

张承志先生曾写过这样一篇有关读书的文章：

有两件杯水末梢的小事，总想把它们记下备忘。其实备忘是不必的，因为已经顽固不弃地把它们忆了这么久，记之纸笔毕竟还是因为感动——哪怕周围写大潮大势的多么热闹，我还是更重视自己这种真实的小小感情。

都是听孩子念书。

地隔千里：一处是北国边界乌珠穆沁草地，一处是贫瘠之冠的宁夏山区小村。

在内蒙插队到了那个年头，知识青年们的心已经散了。走后门当兵的第一股浪头打散了知识青年的决心，人的本质二十年一次地、突兀地出现在我们中间。

那时候，我们汗乌拉队的知识青年心气尚未磨褪，我们激烈地争论了几天，一个口号出现了："在根本利益上为牧民服务。"在这个口号之下，具有永久性利益的一些公益事业，比如小学的创办，中草药房及诊所的创办，还有原先也一直干着的盖定居点房屋、打深水井，就都落到了我们知识青年手里。我因为这么一个不通顺的口号，懵懵懂懂地被安上民办汗乌拉小学教师的名字，给塞进了一群孩子当中。

不再重复那些艰难的故事了。

总之，不是讲给别人历史，只是应该告诉自己的唯一一句话是：我和一群衣衫褴褛的蒙古娃娃一起，给自己生涯筑起了最重大的基础。

亘古以来，这片草原上第一次出现了琅琅书声。

那年的我21岁。经过一冬的折磨后，我的皮袍子烂得满是翻出羊毛的洞。被一些老太婆啧啧叹息时，那时的我懂得了穷人的害羞是怎么回事。

这和日后我见过的一位要人公子（当然他们是应该当第X梯队再当部长省长的）下乡前忙着借一件旧衣服以求不脱离群众——完全不像一个人世的事。那天我费了半天劲总算把蒙文字母的第一行"查干讨勒盖"讲完，然后我下令齐读。在我用拆下套马杆梢尖充当的教鞭指点下，感人肺腑的奇迹出现了。那天一直到散学好久我都觉得胸膛震响，此刻——20年后的此刻我写到此处，又觉得那清脆的雷在心里升起了。

那就叫"琅琅书声"。二十来个蒙古儿童大睁着清澈惊异的眼睛，竭尽全力地齐齐喊着音节表。

"啊！哦！咿！噢！喔！……"

这是我第一次听见有人对我读书，那些齐齐喊出的音节金钟般撞着我的心。后来听说过当今练气功的有一手灌丹田气，用体育手榴弹八方击小腹并且憋出怪声。我想我的丹田气是由一群童男童女相围，以春季雪水浸泡大地百草生出清香之气，再由万里扫荡的长风挟幼童初声和草原初绿，徐徐汇集，猛然击入，进入我的身心丹田的。确实常常有非分的、对于自己生命的奇怪体会——我总是觉得万事只遗憾于时间太少和时机不适。至于原力，至于我这条生命的可能性，在此我能找到合适的比喻了：至今为止我全部劳作消耗的生命原力，顶多只相当那天孩子们3次喊声击入的能量。

然而，那一天我如醉如痴，我木然端坐，襟前是蜿蜒不尽的山林戈壁，背枕是雄视草海的汗乌拉峰。齐齐发出的一声声喊，清脆炸响的一声声雷，在那一天久久持续着，直至水草苍茫，大漠日沉。

那样的事我以为此生不会再有了，谁想到今年在西海固又发生了一次。

晚饭后，下了土炕无所事事。尔撒儿正在掏炉炖罐罐，我随口问：尔撒儿，今天书带回来没有？

带回来了，他紧张又稍显惊惶地眨着一对活脱一个漂亮小姑娘的大眼。

来渺！我一屁股坐下，心里懒懒地把二郎腿一支：今夜晚就给爸爸念！

尔撒儿迟疑着。

今天走笔随心写着，我忽然猜想当时尔撒儿也许是要随他们回民小学的哪条规矩吧，不然迟疑着等什么。汗乌拉小学的往事太远了，我实在猜不出一位考学生的老师该怎样摆个架势。

念吵，我命令道，心里像门外的裸秃野山一样茫茫然地，说不出有个什么一定的意思。

1984年冬天我第一次结识这家回民。由于对清政府等官家的仇恨（鬼话？），我们的感情急剧深了起来。贫瘠的不毛荒山默默地永恒地挑拨着反抗的欲望，他们的穷苦生活使我每天都觉得刷新着对世界的认识。

我偏激起来。这在高中一年级入团时支部鉴定（也许那是我接受的最后一次鉴定了）上缺点栏中写道：思想方法偏激。我不明白当时团支部的哈红星（他后来也是饱经沧桑）如何有这样的透视力——其实我以全身心偏激地爱憎的时刻，只是在1984年的这个岁末才到来。从那以后，我猜我这个人是永远不会和显贵达官、永远不会和侮辱底层民众的势力妥协了。

我怒冲冲地吼着骂着，在这间穷乡僻壤的黄泥庄户里发号施令，满足着自己关于一名义军将领的幻想：

娘的给老子念书！不许等碎的长大再念，老子要这个大的立时就念！我母亲当年穷都穷死了也供老子念到硕士！叫尔撒儿念！叫海称儿念！你一辈子就后悔着没读个书？那你还挡着娃们不叫念！……

乱吼一通，今天静静回味也许并没有真的动真格的。城里人，笔杆人，说上几句当然很便宜。

第二年我来时，碎娃娃们仍然在门口混耍。大儿子尔撒儿和大女儿海称儿，却都不见了真念了书。那时听腻了的是两个娃怎么怎么笨，怎么"怕是念不成哩"。

我没有太关心。

我那时仍然为一些重大的秘密事激动着，沉身那些深潭里，每天不厌其烦地朝农民们打听细节琐碎。

说到孩子，尽管尔撒儿美得赛过漂亮姑娘，尽管海称儿白嫩得气死一切化妆品的卖主买主，我那时比较喜欢的是小女儿桃花。桃花使我联想起自己的孩子。她可爱的像画中娃一般的苹果脸蛋儿，总使我沉迷于一些小天使、令人激动的图画之类。我曾精心拍过小桃花的肖像；也曾多少带着表演的严肃，拍过一张把桃花紧抱在肩头的自己的像——拍那张时，我心里想的是苏联纪念卫国战争的一座雕塑：一个披斗篷握长剑的红军战士屹立着，把一个小女孩紧搂在肩头。

至于上学，两三年里我接受了农民的观点——宁无文化，也不能无伊玛尼（信仰）。中国回族知识分子和干部们有一种口头禅，就像前述的我自己一样，喜欢廉价地议论回民教育，而广大回民区的老人们却多是笑而不答。

后来我听到了这种绝对非20世纪的落后观点：书嘛念上些好是好哩，怕的是念得不认得主哩。念书走给的不是没见过哩：念得狠的坐了个帆布棚，念得日囊的骑着个丁零零——可有哪一个里里外外是个穆民呢？哪一位你敢指望他维护住祖祖辈辈的教门哩？咱家没下场吵，不求那些个虚光的事情。咱家养下的娃，哪怕他大字不识一个，但若他守住个念想不坏了伊玛尼，到了末日，拉上那些帆布棚坐下的、丁零零骑下的比给一比——谁在那时辰是个凄惶呢？

这是中国穆斯林反抗汉文明孔孟之道异化的一步绝路。我在游荡遍了大西北的州府山川以后，在这样的观点面前不由得默然了。真的，宁愿落伍时代千年百年，也要坚守心中的伊玛尼信仰——难道这不是一条永恒的真理吗？

今年春天去时，家里正忙着种豆子。女孩子毕竟薄命——海称儿已经辍学许久，每天灶房内外地操劳，俨然待嫁了。我稍稍留心一下，才知道桃花虽然倚着门朝我调皮地歪头不语，却已经上了学了。我听说这几日她在家是因为我来了不肯上学，家里大人们也依了她，就随口说，明天打发娃上学走渺，别耽搁下。我记得自己信口慢声，心不在焉。第二天，一直在院里晃闪的桃花不见了。

庄户外面，荒山野谷依旧那样四合着，一如去年的疮痍满目。

尔撒儿怯生生递过书：爸，这不是课本。我翻翻，是编得越来越他妈的深奥的四年级阅读教材。

"念这个，尔撒儿。"我翻了一篇《皂荚树》，然后坐得舒服些。

就这样我重逢了久别忘尽的琅琅读书声，像久旱的芜草突然浇上一场淋漓的雨水，我怔怔听着，觉得心给浸泡得精湿。

尔撒儿没有上一年级，据说基础不好不会汉语拼音。他读书时大有边地乡塾的气派味道，抑扬顿挫，西海固腔里攀咬着普通话的发音。皂荚树如何大公无私，如何遮荫挡雨又给孩子们以洗濯之便，引申乡村娃娃们对皂荚牺牲的礼赞——我听着觉得如听天书。哪怕悲怆的景色怎样否定着，但某种城市式的苗芽还是生长起来了。回味般咀嚼着4年里我听过的、这个村庄刚烈的苦难史，我觉得尔撒儿严肃而拗口的朗读声简直不可思议。

又念了一篇《伽利略的故事》。

已是夜中。尔撒儿的爹在角落里蹲着一声不吭，用枯叶牛粪填了的炕开始热烫起来。窗外那坚忍的景色终于黑暗了，只有少年清脆的童音，只有一些莫名其妙的外国怪事在被西海固的土语村腔诵读着。而千真万确这一切又都是因为有了我，不是因为劣种贵族的权势而是因为他们之中成长起来的我。春水击冰般的琅琅书声带着一丝血传的硬气，带着一丝令人心动的淳朴，久久地在这深山小屋里响着。

书念完了。

我感动得不知说什么好。

尔撒儿怯怯地望着我，小心合上了书。我从孩子眼神里看到他的话语，他一直担心地等着这一夜呢。我沉默了一阵，说了些一般的话，披衣到院外又看了看那大山大谷。

人世睡了，山野醒着，一直连着陇东陇西的滔滔山头，此刻潜伏在深沉的夜色里。高星灿烂，静静挂在山丛上空，好像也在等着一个什么。

这里真的已经和我结缘了，我默默望着黑暗中的山想，但我已经该离开了。

这真是两件微乎其微的小事，只能供自己独坐无事时消磨思想。可是一旦想起又捉摸不尽它们的意味，总觉得在自己庸碌的人生中它们非同小可。北京夏夜，黑暗中燠气不退，抬头搁笔，向北向西的两条路都是关山重重。趁心情恬静平和，信手写下，也许便做完了自己该做的一桩事情。

人生感悟

两件小事，两次听人读书的经历，为什么会让一个作家久久难忘呢？我想，这不是一般的琅琅书声。两次都与根有关。前者是作家在困苦的环境中扎下的根，后者是书声扯动了作者故土血脉的根。

要满怀兴趣地对待学习

年轻时期，每个人可能都兴趣广泛，心灵里充满了各种各样的兴趣爱好。那么，在这时期，多点对学习的兴趣，为自己的将来打下基础，对许多人来说，学习不见得是很烦恼的事情，反而是很愉快的事情，因为他们都对学习充满了好奇和神秘感，进而深入进去，努力钻研，最终成了伟大的人物。

英国大数学家麦克维斯童年时，父亲有意将他培养成画家。一次，父亲让他画静物写生，对象是插满金菊的花瓶。麦克维斯画完，父亲一看就笑了，原来满纸都是几何图形，花瓶是梯形，菊花是大大小小的一簇簇圆圈，那些大大小小的三角形大概表示叶子。

从此他父亲发现麦克维斯的数学天赋，于是因势利导，培养他学习数学，使得他一步一步地走向数学殿堂，最终成为一个伟大的数学家。如果麦克维斯的父亲一味让孩子学习美术，美术界也会出现许多个一个三流画家，而数学界缺少了一位卓越的数学家。

读书的魅力是无穷的，需要自己去不断挖掘，就像石油工人一样，你挖得越深，你对学习的见解才会更加深奥。

下面来看一个关于华罗庚的事例。

有一次，他跟邻居家的孩子一起出城去玩，他们走着走着；忽然看见路旁有座荒坟，坟旁有许多石人、石马。这立刻引起了华罗庚的好奇心，他想去看个究竟，于是他就对邻居家的孩子说：

"那边可能有好玩的，我们过去看看好吗？"

邻居家的孩子回答道："好吧，但只能呆一会儿，我有点害怕。"

胆大的华罗庚笑着说："不用怕，世间是没有鬼的。"说完，他首先向荒坟跑去。

两个孩子来到坟前，仔细端详着那些石人、石马，用手摸摸这儿，摸摸那儿，觉得非常有趣。爱动脑筋的华罗庚突然问邻居家的孩子："这些石人、石马各有多重？"

邻居家的孩子迷惑地望着他说："我怎么能知道呢？你怎么会问出这样的傻问题，难怪人家都叫你'罗呆子'。"

华罗庚很不甘心地说道："能否想出一种办法来计算一下呢？"

邻居家的孩子听到这话大笑起来，说道；"等你将来当了数学家再考虑这个问题吧！不过你要是能当上数学家，恐怕就要日出西山了。"

华罗庚不顾邻家孩子的嘲笑，坚定地说："以后我一定能想出办法来的。"

当然，计算出这些石人、石马的重量，对于后来果真成为数学家的华罗庚来讲，根本不在话下。

金坛县城东青龙山上有座庙，每年都要在那里举行庙会。少年华罗庚是个喜爱凑热闹的人，凡是有热闹的地方都少不了他。有一年华罗庚也同大人们一起赶庙会，一个热闹场面吸引了他，只见一匹高头大马从青龙山向城里走来，马上坐着头插羽毛、身穿花袍的"菩萨"。每到之处，路上的老百姓纳头便拜，非常虔诚。拜后，他们向"菩萨"身前的小罐里投入钱，就可以问神问卦，求医求子了。

华罗庚感到好笑，他自己却不跪不拜"菩萨"。站在旁边的大人见后很生气，训斥道：

"孩子，你为什么不拜，这菩萨可灵了。"

"菩萨真有那么灵吗？"华罗庚问道。

一个人说道："那当然，看你小小年纪千万不要冒犯了神灵，否则，你就会倒霉的。"

"菩萨真的万能吗？"这个问题在华罗庚心中盘旋着。他不相信一尊泥菩萨真能救苦救难。

等庙会散了，看热闹的老百姓都回家了。而华罗庚却远远地跟踪着"菩萨"。看到"菩萨"进了青龙山庙里，小华罗庚急忙跑过去，趴在门缝向里面看。只见"菩萨"能动了，他从马上下来，脱去身上的花衣服，又顺手抹去脸上的装束。门外的华罗庚惊呆了，原来百姓们顶礼膜拜的"菩萨"竟是一村民装扮的。

华罗庚终于解开了心中的疑团，他将"菩萨"骗人的事告诉了村子里的每个人，人们终于恍然大悟。从此，人们都对这个孩子刮目相看，再也无人喊他"罗呆子"了。华罗庚这种打破砂锅问到底的精神，充满着对未知世界的好奇心与浓厚的兴趣，这使得他在以后的学习中找准方向，勤奋努力，最后终于成为我国当代三大数学家之一。

这个故事告诉我们，在学习的道路上处处都是学习的机会，处处都可以对它们感兴趣，当然要以一种愉快的心态去学习，带着一种执著的心情去学习的，而不能像在荆棘的羊肠小道上跋涉感到苦不堪言，最终望"峰"

却步。

"读书给人以乐趣，给人以光彩，给人以才干。"培根的话很生动，养成读书的习惯就是一种不掺杂质的乐趣，读书就是吸收书中的营养，与其多读书不如精读一些书、不如消化一些书，这也是我的思想。读书之于思想犹如运动之于身体，运动使人健壮，而读书使人贤达。

读书还要学会读书，要本着诚意去读确实有价值有意义的书。这是一种高尚的行为。

那些富有真知、富有人文正义的书就是万能的钥匙，任何幸福的门、任何神仙魔鬼般的天堂地狱都是可以打开的，都是可以上去的、进去的。书到用时方恨少，事非经过不知难。书是文明的传递者，人们会在读书中增长才干，能站得更高、将眼光放得更远的。

生活五彩缤纷，读书是生活中不可缺少的。站在喜欢读书人的立场上来说，不读书的人生是不完整的，可不是么，生活中怎能不读书呢？

读书是快乐的。学生读书与成年人读书既相同又不相同。学生读书是为了学业、为了增长知识、为了将来的工作生活，带任务要赶时间；成年人读书是为了工作、为了增长知识、为了生活的美好，没任务不赶时间。但是读书是快乐的，这一点是一样的。

读书是快乐的。就是工作再忙也要挤时间来读书；就是收入不多也要省开销买书读；就是居室再窄也要挤空间来藏书；就是交情不深也要买些书来相赠。

因为生活是美好的，因为每一个人的生命是有限的，还因为无尽的知识都凝聚在书中。人生不可能经历那么多的经历，这个缺憾只能在读书中得以弥补。

读书是快乐的。人的生命可以在读书中延长10年20年的。因为读书可以让人生在书中再活一次、两次，甚至三次的；因为这样的人生才是生动多彩的、值得回味的人生；还因为读书可以让我们开阔眼界陶冶情操累积知识，懂得宽容、拥有真爱、具有智慧，从而达到高尚的精神境界。

人生感悟

在安定的生活中，带着愉快的心情多多读一点书吧。

对学习充满热情

热情是来自人体的一种冲动,一种力量,热情可以激发一个人的最大潜能。学习当然也需要热情。

一、热情提高学习效率。

意大利文艺复兴时期著名艺术家米开朗琪罗73岁的时候已经衰老不堪,躺在床上难以起身。教皇的特使来到他的床前,请他去绘制圣彼得堡教堂圆顶。他思量再三,终于同意了,但却提出了一个奇怪的条件:"不要报酬。"因为他觉得自己最多只能干几个月,如果运气足够好的话可以干一两年。既然注定无法完成,也就不应该索取报酬了。

教皇同意了这个条件。于是,这个70多岁的老人起了床,颤巍巍地来到教堂,徒手爬上五层楼高的支架,仰着头创作,从此一发而不可收拾,竟然越画越有干劲,体力与智力越来越好。教皇老死了,换了一个新教皇,他还在画,新教皇死了,又来一个新教皇,新教皇又死了,一直死了3个教皇,他还在画。他足足画了16年,到他89岁的时候,终于完成了这项永载史册的艺术巨作。

最后一次走下支架的米开朗琪罗显得容光焕发,他兴奋极了,穿上厚重的骑士铠甲,手持长矛,骑上战马,像个疯子一样到旷野中奔驰,欢呼自己的胜利。

在完成这项任务以后不到一年,米开朗琪罗去世了。

在这则小故事中,米开朗琪罗创造了两个奇迹:一是艺术史上的奇迹——圣彼得堡教堂圆顶壁画;二是生命的奇迹,一个垂死的老人不可思议又活了16年,而且越活越精神。是什么力量让米开朗琪罗完成了这两个奇迹呢?答案很简单——热情,创作的热情。

热情是支撑生命的元素,是完成一切伟大事业不可缺少的动力。有了热情,什么人间奇迹都可能创造出来,没有热情,再伟大的奇迹也将被慢慢侵蚀,直至毁灭。

学习当然也需要热情。这种热情不一定表现为快乐,埋头苦读也有可能充满热情，它关键在于内心的冲动、想要取得学习成功的冲动。

风靡全国的疯狂英语口语学习法，就是典型的激情英语学习法。疯狂代表着人类超越自我的精神，代表着对理想的执著的追求，代表着对事业忘我的全情投入，代表着不达目的决不罢休的激情。

每天对自己大喊"I can do it"，不论在何地都大声地说出英语来，这种看似极端的英语学习方法经实践证明是行之有效的，方法的成功就在于它能够唤起人们内心的激情。

其实，每个人内心都有想要取得成功的激情，只是这种激情常常处于"沉睡"的状态，需要将这个"心中的巨人"唤醒而已。

科学工作者经过大量研究表明，缺乏热情的人工作和学习的时候比充满热情的人更容易感到疲倦、更难以集中注意力。如果你一直把学习看成一件死气沉沉的事情，你的学习效率必然低下。

美国实用主义哲学家爱默生做了一个非常简明扼要的概括："有史以来，没有任何一件伟大的事业不是因为热情而成功的。"

一位商界成功人士也曾经这样总结自己成功的经验："我越老越更加确定热忱是成功的秘诀。成功和失败的人在技术、能力和智慧上的差别通常不大，但是如果两个各方面都差异不大，具有热忱的人将更能如愿以偿，一个能力不足，但是具有热忱的人，通常会胜过能力高强，但是欠缺热忱的人。"

毫无疑问，在学习上你现在需要更多的热情。

二、热情的源泉。

热情的源泉是多种多样的，成家立业、赚钱、亲情……都可以作为热情的来源，并且确实有人靠着这样的激情取得了巨大的成就。我们也要善于在学习和生活中去发现属于自己的热情，但这种热情需要是真诚的不是虚假的，是旺盛的而不是虚弱的。

1.旺盛的虚荣心也是热情的来源

第二次世界大战结束后的某一天，有记者采访年老的丘吉尔。问道："是什么东西支撑您在各方面都取得了如此巨大的成就呢？""虚荣心！强烈的虚荣心！"丘吉尔大声说道，随即哈哈大笑，起身而去。

"爱慕虚荣"常被用来批评那些不踏实、一味追求名牌、名气的人。

但凡事都有两面性，从好的方面来讲，希冀获得他人赞赏的心理是人人都有的。如果一个人不具有渴望得到别人赞赏的心理，他就可能会变得对任何事情都漠不关心，也就丧失了做好任何事情的热情。而那些虚荣心强烈的人，会不断地寻求事业的成功，充满热情地学习和工作。

英国著名外交家查斯特菲尔德在给儿子的信中写道："我反倒认为：人类具有虚荣心乃是一件好事，假使人们喜爱我的某一点，而因此造成我的某种虚荣心，这种虚荣心还是敦促我向上的原动力。……我认为若无虚荣心的推动，就绝无今天的我。为此我强烈主张，你应该和年轻时的我一样，拥有旺盛的虚荣心。没有任何方法比虚荣心的助力，更能使人快速地成功。"

学习中也应该具有旺盛的虚荣心，不去试图否认自己原本已经具有的虚荣心，更不要以此为耻，而要把这种心理作为热情的来源，敦促自己不断地去取得进步。

2. 常去畅想成功后的情形可以唤起热情

倘若在每天的学习中，畅想一下实现目标后的情景，比如业务能力得到很大提升，被升为部门主管，薪水提高数倍，待遇也水涨船高……很多，很乱，但是很生动很具体，苦闷的心情就会顿时欢愉起来，觉得眼前的奋斗是一件多么令人振奋的事情。

人生感悟

人总是生活在现实中，但人也总是生活在自己的思想中。你勇敢地把自己想象成为一个已经获得成功的人士，实际上你就已经获得了成功的喜悦、获得了成功的信心，并获得了不断成功的渴望。尽情地想象，才能尽情地奋斗；尽情地奋斗，才能不断把梦想变成现实，并在一个更高的基础上做更新更美的梦想，从中体会到成功的乐趣。

坚持不懈

学习就像烧开水，要一鼓作气，不能松懈。

意志的坚持性是指那种坚持不懈、在行动中能以坚韧不拔的毅力克服种种困难而坚持到底的良好品质。具有这种品质的人能够在活动中持之以恒，具有锲而不舍、不达目的决不罢休的决心，不怕困难与失败，在困难、艰苦的条件面前，不犹豫、不动摇、不停滞，一鼓作气，善始善终，并自觉地抵制一切不合目的的主客观诱因的干扰，具有顽强进取的精神。

欧姆是德国物理学家，幼年家贫，曾中途辍学，后来经过自己的努力才完成学业。

他担任过多年的中学教学和物理教师，在教好学生之余，他还努力从事科学研究。我们现在看到的欧姆定律公式么么简单，可是欧姆为了研究这个问题花费了10年的心血。

当时的实验条件很差。没有现成的测量电流的仪器，他想了种种办法，经历了多次失败，才自己制成了相当精密的测量电流的电流扭秤（不是我们现在通用的电流表）；他最初使用的电源，电压很不稳定，使实验工作遇到很大困难，经过5年他才找到电压稳定的电源，再经过长期的细致研究，终于取得了成果。

他的研究成果在1826年发表后，当时的物理学界并不重视，使他非常失望，但随着电学研究的进展，大家终于认识到这一成果的重要性，欧姆本人也被聘为大学教授，并获得英国皇家学会的奖章。

为了纪念他，后人把他的名字定为电阻的单位名称，并把他发现的定律叫做"欧姆定律"。

人生感悟

坚持不懈是学习中不可或缺的品质，正如学习专家盖奇·克拉克斯顿所说："如果没有决定学什么、何时学、在哪学以及为什么学习的能力，没有忍受学习带来的负面情感的能力，尤其是在遇到困难的时候，学习的力量就没有构建的基础。"

实践出真知

明朝地理学家徐霞客，从小刻苦读书，尤其喜欢历史、地理和探险游记类的书籍，并立下遍游五岳的志愿。

22岁那年，在母亲的鼓励下，他踏上了征程。第一次出游从家乡附近的太湖开始，北游泰山和北京，西登嵩山和华山，南至福建的武夷山和九鲤湖。徐霞客自38岁母亲去世之后，几乎年年出游，向北到过北京附近的盘山、山西北部的五台山和恒山，向南到过福建，更远至广东的罗浮山。50岁以后，他又按预定的计划作万里远游，由浙江至江西，又至湖南，入广西；由广西入贵州，由贵州入云南，横贯云南直到腾越。本想越国界入缅甸，但被当地人再三劝阻。

在徐霞客一生中，从22岁起，到去世为至，30多年间，足迹踏遍现在的华东、华北、东南沿海，西至云贵。尤其值得学习的是，他在旅途中除特殊情况外，坚持把每天的经历与观察所得，随手记载下来。他记的是日记，实际等于野外考察的记录。在那时候，独自徒步旅行的艰苦自不必说，有时日行百余里，到晚上还要在危垣破壁之下，点起豆大的油灯，进行写作。甚至在露宿山野，寄身草莽的时候，他还是要燃枯草照明，坚持写游记。

后人经整理把他的这些东西集成《徐霞客游记》，并把这部著作称为"世间真文字"。这本书有很高的文学价值，摹景抒情都有独到之处。这本书又有很高的科学价值，以实地考察所得，纠正了古代地理书籍的一些谬误，也有许多新的发现。试想，没有徐霞客的行万里路，哪来那伟大的著作？

读书有个"三部曲"：爱书、选书、用书。

书，是知识的源泉，是文明的财富。书，引导我们驰骋于中外古今一切智慧领域，使我们洞察社会，了解人生。高尔基从童年流浪生活开始，就对书爱不释手。他有一句名言："爱书，我认为我身上一切东西都是书籍给我的。"鲁迅先生读书之前，手要先用肥皂洗干净，然后拿书，可谓惜书如宝。他们之所以如此爱书，是因为他们懂得"书籍是全世界的营养品"。

现在，喜爱读书的人越来越多，但读书也要避免饥不择食。这就有一个选书的问题。选书有两个原则：首先，要有"好坏之别"。"好书不厌百回读"，坏书则是造成心灵污染、思想中毒的"精神鸦片"！其次要有"精粗之分"。这是在好书范围内的再挑选。即使好书，也不等于就是你最需要、最适用、最迫切的精神食粮。所以英国大哲学家培根说："有些书可供一尝，有些书可以吞下，有不多的几部书则就当咀嚼消化。"

学怀思结合。孔子说:"学而不思则罔,思而不学则殆。"这句话概括地道出了"学习"与"思考"的辩证关系。只有二者紧密结合,才能经过"去粗取精,去伪存真,由此从彼,由表及里"的比较分析、归纳综合等思维活动,获得真知灼见。

学与习结合。孔子说:"学而时习之,不亦说乎?"心理科学实验表明:学习、理解、掌握知识不是一下子就能完成的,有一个循序渐进的过程。读书不仅要学,还要时时温习,不断复习强化,才能利于后边的学习。因为旧知与新知是存在着内在的联系的。正如孔子所说:"温故而知新,可以为师矣。"

学与行结全。孔子认为,"学"是为了"行",而且"行"是首要的。孔子还曾强调指出:要"讷于言而敏于行",强调学与行的结合,即把学到的知识运用到实践中去。

梁元帝是历史上有名的"博学皇帝",但他的10余万卷书籍却挽救不了自己身困危城的悲剧。鲁迅先生一向主张"和现实社会接触,使所读的书活起来"。所以我们读书一定要做到"耕书"、"动脑"、"比较",这样才能完成消化知识、独立思考、博学通达的全过程。须知、杰出作家的作品,科学家的发明,无一不是用书的结果。

人生感悟

读书的目的在于使用,光读不用,充其量不过是一本"书"。

带着目的读书

宋朝有个读书人叫陈正之,他看书看得特别快,抓住一本书,就一个劲地往下读,一目十行,囫囵吞枣。他读了一本又一本,花费了很多时间和精力,可是效果很差:读过的书像过眼烟云,很快就忘记了,几乎没有留下一点印象。这使他十分苦恼,疑心自己是不是记忆力不好。

后来,有一天,他遇到了当时的著名学者朱熹,就向朱熹请教。朱熹询问了他的读书过程以后,给了一番忠告:以后读书不要只图快,哪怕每次只读50字，重复读上多遍，也比这样一味往前赶效果好。读的时候要用脑子想、用心记。陈正之这才明白，他读过的书所以记不住，不是因为他的记性不好，而是学习目的不明确，方法不对头，他把读书多当成了读书的目的，忽视了对书籍内容的理解和记忆。如此匆忙草率地读书，既没消化书中的内容，又没有意识地进行记忆，他的记忆效果当然是不会好的。

以后，陈正之接受了朱熹的劝告，每读完一段书，就想想这段书讲了些什么，有几个要点，并且留心把重要的内容记住。经过日积月累，他终于成了一个有学识的人。

带着问题去读书，鲁迅读书就总是爱向自己提出问题。他拿到一本书，先大体了解一下书的内容，给自己提出一大堆问题。书上写的什么？怎样写的？为什么要这样写？自己对这个题目又该怎样写？等等。鲁迅认为，带着问题去全面细读全书，边读边问、边问边读，逐渐深入，就能更有效。

有明确的目的或任务、凭借意志努力记忆某种材料的方法，叫做有意记忆法。相反，没有明确的目的或任务，也不需要意志努力的记忆方法，称为无意记忆法。心理学研究表明，有意记忆的效果明显优于无意记忆效果。为了系统地掌握科学知识，必须进行有意记忆。

先给孩子一张"阅读学习单"，读一读上面的题目，告诉他，读完此书，先填写这一份学习单。以"阅读学习单"来让阅读的过程"意义化"。

一、为什么要有"阅读学习单"：是为了能焦点集中地阅读。一个有关"学习和记忆有意义文章"的研究指出，我们的记忆运作无法像电脑一样，很难将阅读得来的信息逐字记忆，而是用我们的方法去组织这些信息，使它变得有意义。

比如，让受试者读一篇短文，然后让第一个读完的人，按他的记忆写下来，传给第二个人看，第二个人再把记忆写下来，传给第三个人看；依此类推，直到第十个人，所阅读的信息，已经和原文大相径庭了。

这说明了如果在阅读前，没有先告知"阅读的焦点"，阅读者会以自己感兴趣或易理解的部分作为重点来读，其结果很可能读完之后，与原文所欲传达的重点相差甚远。

有一次我访谈一位中学生，他告诉我看完《乞丐囝仔》后的感想是很爆笑。读过此书的人应知道，这是本励志畅销书，主要大意是写一位贫寒出身的人，突破现实环境困顿，奋发向上的经历。然而，此位学生阅读后，遗留在脑中的，却只记得书中描述困窘生活的一些匪夷所思行径，所以觉得很好玩，与原书焦点可说相差了十万八千里。

无重点式的自由阅读，当然也有妙处，一般成年人读书，一定都享受过陶渊明那种"读书不求甚解，每有意会，便欣然忘食"的乐趣。不过，如果想在有限的时间内，让孩子在阅读时，保有"努力追寻意义"的精神状态，不妨在阅读前，就设计一份"阅读学习单"，念给他听，让他知道在读此书时，要特别注意哪些部分，将来讨论时，也会有这方面较多的感想。

也就是说，在阅读前，光了解阅读后的讨论焦点，以便在阅读时，特别注意相关内容。

教学的认知理论中，提到的"前导组体"，是指在学习之前，如果先呈现重要信息，可以使学习者在学习过程中，用来组织及解释新获得的信息。

举个例子，我在读大学时，那些大部头的教科书，常在一个章节前，有个简短的"本章摘要"，还提纲挈领地说明"在本章中，你将学到……"，带着这样的"先验知觉"，再进入庞大内容中，比较能得出一些条理。

"阅读学习单"上的题目，等于前导组体，提醒孩子在阅读时，应聚焦的一些方向。

比如：如果希望着重讨论书中人物性格，就在"阅读学习单"上设计此类题目："我最欣赏书中哪个人？""我觉得自己最像书中的谁？""书中哪个人最让我气愤？"当孩子正式阅读时，他就会想到：为了回答这些问题，我在看此书时，要注意到人物的描写。

二、"阅读学习单"设计要点

1.使用语言须简要有趣，不要使用太专业化用语。

比如：别再使用"佳作摘录"这样的字句，这会让孩子以为又是一项功课。如果问"本书最让我想笑的一段对白"会比较生动活泼，对孩子也是"非制式用语"的良好示范。

2.视年龄来设计

比如：低幼的孩子可以替书中情节绘图，或说给爸妈听，或给这本书评分（给几颗星）；高年级可以多出些评价性质题目。

人生感悟

只有带着目的去读书,只有你知道你想要什么,你才能在书中得到什么。

透过"书"看"世界"

对话式理解的精髓就是平等,强调阅读者与作品的平等地位。平等对话是当今世界增进理解、消除隔阂的最常用的手段,不论是国际事务还是地区沟通,也不论是集体交往还是个人交流,通常都采用平等对话的手段进行。在这个突出平等交往的时代,读书也应该是平等的。阅读首先应该是读者进入作品与作者对话,不能进入作品就不可能对话,所以,在阅读的中间,以自己的体验、感悟,借助内部言语与作者对话是特别重要的,特别是在阅读一些名人的经典作品时,更是这样。

郑板桥在谈到读庸诗时说:"读唐诗,则必钻具穴,剖其精,抉其髓……时我之心即入乎庸人之心,而又时庸人之心,即为我之心。常觉千古之名流高士,俨聚一堂,此又天地间一大快事也。"这段文字,生动描述了读者与作者"俨聚一堂"给阅读对话带来的愉悦。这种设身处地与作者对话的情境,李扶九在《古文笔法百篇》中阐述得更加精彩:

"将读此首文,先宜知人论世,考明题目来历,了然于心。如我当境作文一般,要如何用意下笔遣词,再四沉思。思之得不得,得之,其前浅深高下俱有成见,再去读其文;看其作法合我与否,合我者高几著?出我者远几层?得失自知矣。所谓'文章千古事,得失寸心知'者此也,于是,读之而喜,拍案叫绝,起舞旋走;读之而悲,涔涔泪落,脉脉欲诉,斯时不知古人为我,我为古人,但觉神入文,文入心,永不失矣,日后动笔辄合,在己亦不知何来。"

好一个"不知古人为我,我为古人",此时,"我"与"古人","古人"与"我"已经融为一体,因为,我已经"神入文""文入心"了。这样的阅读,才是真正意义上的对话式的阅读,才能真正深入书中的那个时代,才能真正地读懂作者,成为书中的主人。

对活式的平等阅读，最典型的体现在创新能力的培养上。当今世界，知识经济已初见端倪，创新能力的培养成为当今教育的主旋律。在阅读教学中培养学生的创新能力已为大多数人所认同。所谓阅读教学中培养创新能力，就是以作品的阅读为凭借，鼓励学生个性化的阅读，在阅读过程中，让学生大胆提出新见解、新看法，尽可能地发前人之所未发。

在现代社会中，读书已经成为人们成才不可缺少的工具，而对难以计数的书籍，我们更需要一种平等阅读的精神，来真正地深入书中的那个时代，读懂作者的思想并消化吸收为自己的知识，在成为书的主人的同时，透过书看清楚这个世界。

原始社会末期才逐渐出现文字。到了距今3000年前的商朝，有了最早的书籍实物——甲骨刻成的文献。除了甲骨文书，还有刻（或铸）在青铜器上的书——金文，刻在石鼓上的书——石鼓文。我国正式的书是用竹片和木板做的木简或竹简，也出现在商代。春秋末年，人们把字写在绸上面，叫帛书。相传到了东汉，蔡伦发明了一种既轻巧又便宜的材料——纸。在公元11世纪，毕昇发明了活字印刷术，才出现了用纸装订的书。到了近代，又有用石印的书，现代主要是铅印的书。目前，世界上有些国家已经实现了图书资料储存的电子化。现代的图书样子与古代的书已经截然不同了。

其实，我们身处在一个有如此多书的年代是一个多么值得庆幸的事情，只要你爱读书，你就可以透过书看到全世界，走遍全世界。

"劝君莫惜金缕衣，劝君须惜少年时。有花堪折自须折，莫待无花空折枝。"青年朋友更应该惜时如金，在书中遨游，成为书的主人。

人生感悟

<u>只要你怀着一颗平等阅读看世界的心去阅读的话，你就会掌握整个世界。</u>

"读书"和"看书"

有人说，"读书"和"看书"不同，读书有方法，有目的，有成果，讲的是读书人的水准，不是书的水准。我们说读哲学系，读康德，不说看哲学系，看康德。告诉某作家"我读过你的书"或"我看过你的书"，一字之差，寓褒贬、别善恶。

中国有句老话叫"读书便佳"，指的是受正统教育，它的意思并非"不论看什么书都好"，而是"不论能否考上大学都好"，文凭无用之类的话，本来有理，后来人就不信了。很多同学，高的读到大学毕业，低的读到高中毕业，以后遭际各有不同，在当今这个社会里，依然是大学毕业的人比中学毕业的人有较好的出路，即使是毛泽东，他也觉得大学毕业生比中学毕业生用处大一些。

你可以说"读书便佳"，不能说"看书便佳"，一如不能说"看电影便佳"。随着今天教育普及，看书是每个人的事，读书人仍然是特定的少数。有人强调读文凭。兴趣、凭性情，他说的是看书，他写的书也很好看。今大作家出一本新书，斤斤计较的只是有没有人"看"。

一个人是看书人，这中辈子算是被书惯坏了，有点儿遗憾，并不后悔。世界上，除了书，还有谁能这样顺应我们、尊重我们呢？除了书，还有什么能这样揣摩我们的需要、一心一意为我们而存在呢？"拥书权拜小诸侯"！不仅是"书城坐拥"的典故而已。这些书把它的细腻体贴交给我们，同时并在暗中惯纵了我们。

人生感悟

读书，书成全我们；看书，书惯纵我们。

让人感动的"摸书"

冯骥才先生曾写过这样一篇文章：
名叫莫拉的这位老妇人嗜书如命。她认真地对我说：
"世界上所有的一切都在书里。"
"世界上没有的一切也在书里。把宇宙放在书里还有富裕。"我说。
她笑了，点点头表示同意，又说：
"我收藏了4000多本书，每天晚上必须用眼扫一遍，才肯关灯睡觉。"
她真有趣。我说：

"书，有时候不需要读，摸一摸就很美，很满足了。"

她大叫："我也这样，常摸书。"她愉快地虚拟着摸书的动作，烁烁目光真诚地表示她是我的知音。

谈话是个相互寻找与自我寻找的过程。这谈话使我高兴，因为既找到知己，又发现到自己一个美妙的习惯，就是摸书。

闲时，从书架上抽下几本新新旧旧的书来，或许是某位哲人文字的大脑，或许是某位幻想者迷人的呓语，或许是人类某种思维兴衰全过程的记录——这全凭一时兴趣，心血来潮。有的书早已读过，或再三读过，有的书买来就立在架上，此时也并非想读，不过翻翻、看看、摸摸而已。未读的书是一片密封着的诱惑人的世界，里边肯定有趣味更有智慧；打开来读是一种享受，放在手中不轻易去打开也是一种享受；而凡是读过的书，都成为有生命的了，就像一个个朋友，我熟悉它们的情感与情感方式，它们每个珍贵的细节，包括曾把我熄灭的思想重新燃亮的某一句话……翻翻、看看、摸摸，回味、重温、再体验，这就够了，何必再去读呢？

当一本古旧书拿在手里，它给我的感受便是另一般滋味。不仅它的内容，一切一切，都与今天相去遥远。那封面的风格，内页的版式，印刷的字体，都带着那时代独有的气息与永难回复的风韵，并从磨损变黄的纸页中生动地散发出来。也许这书没有多少耐读的内涵，也没有多少经久不衰的思想价值，它在手中更像一件古旧器物。它的文化价值反成为第一位的了，这文化的意味无法读出来，只要看看、摸摸，就能感受到。

莫拉说，她过世的丈夫是个书虫子。她藏书及其嗜好，一半来自她的丈夫。她丈夫终日在书房里，读书之外，便是把那些书搬来搬去，翻一翻、看一看、摸一摸。每每此时，"他像醉汉泡在酒缸里，这才叫真醉了呢！"她说。她的神气好似看到了过去一幅迷人的画。

我忽然想到一句话："人与书的境界是超越读。"但我没说，因为她早已懂得。

人生感悟

能用"摸"的方式来与书进行交流的人，大概早已经把书当成了一个生命。用手轻轻抚摸时，就能感觉到一缕温度，感觉到脉搏怦怦的跳动。阅读时，书还是书；超越读时，则是人与书之间灵与肉的交谈。

让读书产生"美"

黄侃是著名的国学大师。他在读书时，采取的是"扎硬寨，打死仗"的方法。

在研读与自己研究专业有关的书时，他总是要反复阅读数十遍，一直达到能举出其篇、页、行数，基本无误差为止。一次他研读一本《周礼正义》，自限180日读完，凡遇其中需要计算的地方，他都要一一列出算式加以推算验证。他在读《清史稿》时，全书100册，从头到尾一卷一卷都详细地加上了评注圈点。

黄侃对于随随便便地翻阅读书、点读数篇浅尝辄止的读书方法很不赞同，称之为"杀头书"。他反对那种只读所需资料，而不肯一句一字认真读透全书的实用主义态度。

黄侃一生读书治学，最反对某些初学者急功近利，好高骛远，急于求成的读书弊病。

黄侃这种严谨认真、一丝不苟、追求极致的读书治学精神，是他最终能够学有所成，成为一代宗师的重要因素。

不同的读书姿态决定于读书时的心态，而读书的"心态"十分重要，"随便翻翻"和"扎死寨，打硬仗"便是两种读书人的姿态。一味沉重和一味轻松都是不太好的读书心态。

十年寒窗，这是古人对读书的形容，从中我们不难看出古人把读书看成是一个苦差事。但是，读书也可以产生美。相信读书的大道理大家也听腻了，但是，读书确实也是美的表现。

古代有一个大学者，名叫汪正，他没有受过正规的教育，一生游历，广读圣贤书。

不仅知识渊博，而且广知各地风土人情。年迈时，他已走遍大半个中国，所经路线与地方文献他可倒背无误。可见，读书产生美的途径很多。只要你一心好学，读书总会为你带来益处。在读书时，还要用心去体会，去领悟。

人生感悟

读书是一种很美的事情，可是，要想让读书产生美，必须有一颗求知的心与持之以恒的精神。

打开书这扇"门"

埃莉诺·罗斯福（1884—1962），联合国外交家，人道主义者，富兰克林·罗斯福总统夫人，当时世界上最受人敬佩的妇女之一。她对1948年《世界人权宣言》的起草和通过起了重要作用。她伟大、平和、独立而又超脱的个性使得她成为了最伟大的"世界第一夫人"。埃莉诺女士一生酷爱读书，她曾为此写过这样一篇文章：

我是一个孤独的孩子，如果没有那些书籍的话，我恐怕自己对于世事会一无所知。书上谈到各种各样的人，我所读的都成为真实的、生动的故事。我很幸运，因为祖父有一间藏书室，我猜想那一时代有许多人家都有。他的藏书室里藏书很多，包括所有古典的著作。

没有人告诉我，哪些书是不该看的。我也不曾告诉我的孩子或孙子们哪些书是不该看的。结果，我相信我并未曾受害。如果关于一本书，我提出了一些令人尴尬的问题，这本书有时会找不到了，这只是因为我使我的年轻的姑姑们太窘了。

除此之外，只有一个限制，啊，我多么恨这个限制！祖母认为你在星期日所做的事情总不能跟平日一样，因此，我在星期日所看的书，也要特别些，与平日不同。每当一天时间快要结束，我刚刚对一本星期日可看的书发生兴趣时，这本书就被收起来了，要等到下一个星期日才能继续看它。这真叫人难过。安息日原来是要这样过的！

我但愿自己能够这么说：今日我读的书，跟我15岁以前所读的一样多。但是我似乎没有像孩子时代那样的空闲，光为了好玩而看书，高高地爬在树上，读一整个上午，只有在吃饭铃的响声权威地宣布"你一定要来吃中饭"时，才回到屋里去。

我多么希望那种日子能够再回来,我希望我能坐在那里4个钟头,看一本书。我真的很想看书,不是看人家叫我看、我不得不看的书,而是某一本我自己选中的书。

我从不曾忘掉看书的习惯。我认为,如果你在年轻时养成这习惯,你就会体验到文字是多么重要的东西。今日,分散孩子们注意力的事物太多了:电视、电影、收音机。在许多方面,孩子们比我们当年知道的事情要多得多,但是,我认为这一切东西强调了文字的重要。例如,在上次的竞选中,在看过两位候选人的电视辩论之后,我发现,第二天早晨,我还要看一看报纸上的记载,以保证我已明白了双方的每一论点。

有一件事情我感到很有意思,有一天,我的一个男孩对我说:"我希望我看书的速度能够快一点儿。"我同意道:"真的,我也这么盼望。"他答道:"啊,你看书要比我快一倍。"也许最近他看的书不够多,否则,我相信他在很短的时间内就会念得快起来的。

但是,这指出了一个理由:为什么许多孩子们读的书不多?他们不能读得很快。我想,我们应该给他们各种机会,让他们知道如何阅读,如何更快地把他们所读的吸收进去。

我们必须让我们的青年人养成一种能够领会好书的习惯,这一种习惯是一种宝物,值得双手捧着,看着它,别把它丢掉。

我们之中太少人真正地把我们所领会到的美好的故事,告诉过我们的孩子们,无怪乎年轻人也不能欣赏环绕着他过去的那些美好事物。他们把那些事视为当然,不足为奇。他们需要多念一点儿历史。

我觉得,只要我们不怕麻烦,教导我们的年轻人欣赏书中的美与内容,领略书的价值,一定会增加许多如饥如渴的读者。

有一天,我有一个机会到纽约的摩根图书馆去,那里陈列着许多古代手抄本和古代印刷的书本。我想,一个孩子若有机会摹写这些早期手抄本的话,那是一件多好的事情!他们可以看这些手抄本是如何更正的,可以看看那些图书,看看那些手抄本的翻印本。

我们若能为年轻人设一个他们自己的图书馆的话,他们的兴趣恐怕会增加很多,这是学习读书价值的最好途径。老的一代知道读书的价值,但是我认为有时候,我们这些老人并未给予青年人一个机会,让他们从长者那里，知道读书可能是一个极大的享受。

记得一次在白宫的宴会里，一桌上都是一些年轻朋友（大部分尚在大学念书，有一个是好莱坞的女明星，那些男孩子们都觉得她十分迷人），我的丈夫坐在餐桌的一端，我坐在另一端，他对我说："亲爱的，我们这里有一位年轻小姐，她从未听说过吉卜林的《林莽之书》。我刚刚对她讲，那部小说若搬上银幕一定很生动，她若在里面扮演一个角色，一定也非常可爱，可是她却从来没有听说过那部小说。"

过了一会儿，他又说一句："我要向在座的人都问一遍，请问你们哪一位看过这本书？"当然，仅有两位看过这本书的，是我们的两个儿子！他们之中有一个还非常羞涩地承认："可是，你知道，如果妈妈没有念给我们听的话，我们也不会去看它的。"

是的，如果我们能把我们的爱，我们的热诚和我们对读书的享受，分一部分给孩子们，他们的生活将因此而增加不少的意义。历史上从未有过像现在这样的一个时期，我们如此需要开拓我们的思想。我们不能再让我们青年人的思想狭隘，世界与我们的距离太近了，我们进入太空的可能性越大，世界也变得越狭窄了。

人生感悟

或许在生活中，总有些问题让我们感到疑惑，总有某一个地方我们想去却力不能及。别着急，书可以帮我们完成这个心愿。书就像一扇扇门，打开它，就会带领我们走进一个个神奇而美妙的世界。

我是船，书是帆

张海迪，1955年生于济南，山东省作家协会一级作家。5岁患脊髓病，胸以下全部瘫痪。她以顽强的毅力克服疾病和困难，精益求精地进行创作，至今已出版的作品有：长篇小说《轮椅上的梦》、《绝顶》；散文集《鸿雁快快飞》、《向天空敞开的窗口》、《生命的追问》；翻译作品《海边诊所》、《丽贝卡在新学校》等。

张海迪曾写过这样一篇文章：

偶尔翻开少女时代的一个旧本子，几片彩色从里面忽闪着飘落到地上，捡起来，我禁不住快乐地笑了，它们给了我一个意外的惊喜，那是我少女时代自己做的书签。有用卡片纸做的，也有用树叶做的。我在小小的卡片上用水彩画了美丽的图画。每一个书签都系了一根彩色的丝线。其中一片书签上画着一只小船，正高高地扬着白帆在蓝色的海上航行。我久久地凝视着这个书签，那时候，我正像一只小船，疾病像急流冲击着我，而一本本好书却像鼓满风的帆推着我勇敢地逆流而行……

那时，我没有想到后来自己能成为作家，我想我当作家或许是因为我读了很多作家写的书。我并不具备当作家的天赋，缺乏作家思维的能力。我生性热情奔放，率直单纯，少女时代我只是梦想，一再梦想，将来当医生或是化学家。在长期的病痛中，是一本本书让我沉静下来，它们牵着我的思绪四处漫游，从遥远的古代到宇宙的深处，从幽静的山村农舍到繁华喧闹的异国城市，都留下了我思想的航迹。还有古今中外圣贤哲人睿智的思想和渊博的学识，各种各样平凡的人们形形色色的生活、境遇、梦想和希望，都留下了我触摸的手印……终于有一天，我觉得我有很多很多话要用笔来倾诉，我幻想着我的脑汁凝固成一本书——就像我曾读过的书。

在读书中，我的心灵得到了陶冶，我的思想得到了飞升，不再把个人的痛苦看得太重，我懂得了世界和人类的历史就是由无数的灾难、苦痛和奋争组成的。那些日子，我曾经为书中的人物热血澎湃，我曾经为他们的命运流下泪水，我更为许多高尚者肃然起敬。哦，书是多少敏感的心灵在悲与喜的交织中碰撞出来的火花，书是多少深沉的头脑对社会对人生反复思索的结晶，书是多少人对后代的期望和启蒙……

我不再仅仅沉湎于文学作品之中，我拓展着自己生活的天地。我读外语、读历史、读地理、读哲学……我记住了培根的"知识就是力量"这句话。知识是基础，是成功的基石。学习专业知识远比单纯地阅读文学作品困难得多，学习中每一段道路都必须负重而行。学习外语时不光要读书，还要把书中的知识消化掉，变成自己的知识积淀。学习专业知识的时候，读书经常有读不下去的时候，甚至为了记忆要经受令人难耐的反复阅读。几年下来，一本本工具书甚至被磨得毛了边儿。那努力的过程，就像希腊神话中的西西弗斯，整日推着一块大石头上山，推上去，滚下来，再推上去……但苦读之后，如同饮下一杯醇香的酒，知识带给人类的快乐真是回味无穷。

在我攻读硕士学位的日日夜夜，身边又堆起比往日更多的书，古今中外的哲人对生活和生命博大精深的认识和诠释，使我的文化视野更开阔，也使我能重新审视自己的生命轨迹。生活是什么？人生的意义是什么？什么样的生活才有意义？在那之前，我曾经多次产生过对痛苦的厌倦，对疾病折磨的无可奈何，而书本却告诉我，即使是痛苦的生命，只要不放弃，也会绽放出艳丽的花朵。

今天，我依然像童年和少女时代一样，深深地热爱每一本好书。长期被疾病禁锢在室内的生活，于常人看来是太孤独了，而我不这样想。清晨，每当我睁开眼睛，第一眼就会看到满架的书籍，还有堆在桌子上和床头的一本本打开的书，甚至还有半夜因困倦从手中滑到地上的书。我一醒来就会感到自己置身在一个纷繁的世界。翻开一本本书，我的眼前便会浮升起一条颤动的地平线，于是，我就仿佛看见古今中外的人物晃动着不同的身影向我走来……

多少年，我总是在书籍的鼓舞下，在探求知识、渴望认识的激情中，从病床上一次次挣扎起来，开始一天的工作。

我是船，书是帆，尽管生活的大海上有时还会浓雾迷漫，还会有狂风巨浪，但有了帆，我的航线就不会偏离，我的船就不会沉没……

人生感悟

书真是神奇的东西，它不但让一个高位截瘫的残疾人，拥有了勇敢走在生活之路上的"双腿和双脚"，而且还给她插上了一对飞翔的"翅膀"。正是因为有了这对"翅膀"，张海迪成了作家，成了天使。

永远与书为友

塞缪尔·斯迈尔斯（1812—1904），英国19世纪伟大的道德学家，社会著名改革家和散文随笔作家。主要作品有《自己拯救自己》、《品格的力量》、《金钱与人生》、《人生的职责》等。这些作品在全球畅销100多年而不衰，塑造了近现代西方道德文明的精神风貌。

斯迈尔斯曾写过这样一篇文章：

欲知其人，常可观其所读之书，恰如观其所交之友。与书为友如同与人为友，都应与其最佳最善者常相伴依。

好书可引为诤友，一如既往，永不改变，两心相伴，陶陶其乐。当我们身陷困境或处于危险，好书终不会翻然变脸。好书与我们亲善相处，年轻时从中汲取乐趣与教诲，到鬓发染霜，则带给我们以亲抚和安慰。

同好一书之人，往往可以发现彼此间习性也有相近，恰如二人同好一友，彼此间也可引以为友。古时有句名谚，"爱我及犬"，若谓为"爱我及书"，则更不失为一智语。人们交往若以书为纽带，则情谊更为真挚高尚。对同一作家之钟爱，使人们的所思所感，欣赏与同情，都能交相融会。作家与读者，读者与作家，也能相知相通。

英国文艺评论家赫兹利特说："书籍深透人心，诗随血液循环。少小所读，至老犹记。书中所言他人之事，却使我们如同身历其境。无论何地，好书无须倾尽其囊，便可得之，而我们的吸呼也会充满了书香之气。"

一本好书常可视作生命的最佳归宿，一生所思所想之精华尽在其中。对大多数人而言，他的一生便是思想的一生，因此好书即为金玉良言与思想光华之总成，令人感铭于心，爱不忍释，成为我们相随之伴侣与慰藉。菲利浦·西德尼爵士言："与高尚思想相伴者永不孤独。"当诱惑袭来，高尚纯美的思想便会像仁慈的天使，翩然降临，一扫杂念，守护心灵。高尚行为的愿望随之产生，良言善语常会激发出畅举嘉行。

书籍具有不朽的本质，在人类所有的奋斗中，唯有书籍最能经受岁月的磨蚀。庙宇与雕像在风雨中颓毁坍塌了，而经典之籍则与世长存。伟大的思想能挣脱时光的束缚，即使是千百年前的真知灼见，时至今日仍新颖如故，熠熠生辉。只要拂动书页，当时所言便历历在目，犹如亲闻。时间的作用淘汰了粗劣制品，就文学而言，只有经典明言方能经久传世。

书籍将我们引入到一个高尚的社会，在那里，历代圣人贤士群聚，仿佛与我们同处一堂，让我们亲聆所言，亲见所行，心心相印，欢悦与共，悲哀同历。我们仿佛也嗅到他们的气息，成为与他们同时登台的演员，在他们描绘的场景中生活、呼吸。

凡真知灼见绝不会消逝于当世，书籍记载其精华而远播天下，永成佳音，至今为有识之士倾耳聆听。古时先贤之影响，仍融入我们生活的氛围，我们仍能时时感受到逝去已久的人杰们一如当年，活力永存。

人生感悟

以书为友，是阅读者的一种境界，同时也是阅读者的一种智慧。在现实生活中，即使是交情再深的朋友，也往往会因为某些因素离我们而去。但书却不会，不管我们身处何地，它都始终对我们不离不弃。

不做4种读书人

明人谢肇淛于《五杂俎》一书中说，爱书的人可以分为3种：一种是慕一时之虚名，只为装潢书架，以资炫耀；一种是穷尽心力，广为搜求，只为增加藏书数量；第三种人虽然爱书而又勤奋读书，博学多识，但却不能加以运用，"记诵如流，寸觚莫展"。前两种人病在爱书不读书，后一种人病在天分太低，只能读死书。

其实，装潢书架总比装潢酒柜更显得儒雅，少一些俗气。藏书也是一种收藏，藏家并不一定因为收藏什么就要去学习什么。而读书不能运用，只是智慧问题，真是博学多识，何愁不能对社会有所贡献？其实，爱书而不读书与读书不能运用均不能称之为"病"，倒是有些爱书或读书的人应该以"病"称之，这些人大约可分为4种类型：

其一：记几句名人名言，背几条伟人语录，开会发言东引一句，西引一段；背几首古诗，读几篇古文，与人交谈不是"诗曰"就是"子云"；背几百个成语，作文当中，4个字4个字地说，东拼西凑。引来引去，就那么几句话，咬文嚼字，故弄玄虚，不为其他，只为唬人。此谓装点门面型。

其二：也曾书读百遍，也曾悬梁刺股，说起来，也称得上爱书嗜书，算起来，也吃了多年的寒窗苦，但一出校门，便视书为仇，从此手不碰书。谋职业，靠的是一纸文凭；评职称，靠的是文凭一纸，再加胡须一把；

工作十几年甚至几十年，全靠吃那几年苦读的老本。即使是老本吃尽，也想不到再去读书，即使是知识的灯光日渐暗淡，也不思"充电"。此谓一劳永逸型。

其三：别人读《兄弟》，他也读《兄弟》；别人读《梦里花落知多少》和《晃晃悠悠》，他也读《梦里花落知多少》和《晃晃悠悠》。今日掀起《唐诗》热，他跟着大伙读《唐诗》；明日掀起《宋词》热，他跟着大伙读《宋词》。而读这读那的目的，不是为了做学问，也不是为了写文章，只不过是为了跟个凤头，赶个潮流。而他所读过的书，精髓内涵全然不觉，只记得几个鸡毛蒜皮的事情。此谓跟风赶浪型。

其四：现在用人、提拔人都看文凭，这一要求不打紧，令多少人仰天长叹："久有凌云志，一心想当官。只恨学历低，手无敲门砖。"于是纷纷读上了在职研究生。有的人读书二三年，有的人假装读书三五周，一旦文凭到手，就像甩掉手中的蝎子一样把书丢掉。明人西湖居士所著《郁输袍春游》："小生：'二兄为何不做诗？'丑：'这是敲门砖，敲开便丢下它。我们既做了官，做诗何用？'"这段简短的对话，可以充分揭示这些人的心态。此谓寻砖敲门型。

其实，年轻的朋友更应把读书和做学问联系在一起，且莫做上面4种人。反倒可以在苦读者、闲读者、乐读者三者之中选其一。

一般说来，能成大器的读书人，多为苦读而成，十年寒窗，头悬梁锥刺股，闻鸡而起，以琅琅读书声伴若干蹉跎岁月，其中艰辛不必言。但卧薪尝胆的苦读者靠一股志气读书，往往有志者事竟成，因此在众多苦读者中，倒也不乏功成名就之辈，终于在某一天读出一个状元才子出来。

通常情况下，苦读者的读书条件和环境大多不太好，不是衣食无着，就是缺少购书的那么几张票子，更有甚者，连照亮工具都买不起，于是便有了逮萤火虫照明和凿墙洞借光而读的故事发生；若运气好，那隔壁住的是乐善好施的贵人，难免要为此穷书生的勤奋所感动，如此便少不得慷慨解囊，资助其进京赶考的盘缠——放在现在，也就是为希望工程添砖加瓦，以实际行动为苦读者送炭，共同炮制出一段千古佳话。

至于闲读，读的多少便是闲书了，由于读闲书者读得自在，没有功利性目的，也没有苦读的负担，有闲则读，无闲则不读，把读书真正当成一种业余爱好。如此放开来读，慢慢便也读得满腹经纶起来，有时随手写点小文章，竟也出手不凡，不经意就为中国古代文学留下了几篇惊人之笔。

在过去，闲读者多为女性，闲来无事，便请得一、二私塾老师坐堂家教，读些四书五经之类的古典文章，并将此与女红一道，作为淑女或大家闺秀们必修的功课；而现今的闲读者，却是不分男女的，社会各阶层人士都有，他们通常是手边有什么书就读什么，好歹不论，武侠也罢，有空翻翻，长此以往，却也开卷有益，比不读书者多出几分书卷气和知识分子味道来，谈笑之间自是与众不同。

人生感悟

你可以不知道怎样读书是对的，但你一定要知道怎样读书是不对的。

熟能生巧，勤能补拙

林纾是我国近代著名的文学家、翻译家。他是福州人，清末举人。

林纾小时候家里很穷，却爱书如命，买不起书，就只好向别人借来自己抄，然后按约定的时间归还。他曾在墙上画了一具棺材，旁边写着"读书则生，不则入棺"，他把这8个字作为座右铭来鼓励、鞭策自己。这句名言的意思是说他活着就要读书，如果不读书，还不如死去。

他常常是起五更睡半夜地摘抄、苦读。每天晚上他就坐在母亲做针线的油灯前捧着书孜孜不倦地苦读，一定要读完一卷书才肯睡。由于家穷，加上读书的劳累，他18岁时，患了肺病，连续10年经常咳血，即使他卧在病床上还坚持刻苦攻读。到22岁时，他已读了古书2000多卷，30岁时，他读的书已达1万多卷了。

他不懂外文，但他的文学功底深厚，竟采用世人很少见的翻译书的方式：先后由10多个懂外文的人口述，他作笔译，将英、美、法、俄、日等十几个国家的1700余部名著翻译成中文，开创了中国翻译外国文学著作的先例，影响很大。

法国小仲马的《茶花女》，就是他与别人合作翻译的第一部外国长篇小说。康有为把林纾与严复并列为当时最杰出的翻译家，称赞说"译才并世数严林"。

读书首先要勤奋刻苦。只有刻苦读书，才能读出境界，读出成绩。"读书破万卷，下笔如有神"、"书山有路勤为径，学海无涯苦作舟"、"板凳要坐十年冷，文章不写一句空"，这些名言，说的都是读书学习要耐得住寂寞，肯下苦功夫，不能浅尝辄止的道理。

古今中外，那些闻名于世的大作家、大文豪、大诗人，都是靠刻苦读书而成才的！南宋大诗人陆游，人称书癫（指读书入迷、忘形似癫的人），读书何止万卷？他的住所称"书巢"，柜里装书，桌上堆书，床上铺书，睡觉枕书。"饮食起居，疾病呻吟。悲忧愤叹，与书共俱"、"客来不能入，既入不能出"。他自述"书生习气重，见书喜欲狂"。正是因为他刻苦读书，才成了知识渊博的人，成了我国历史上写诗最多的一位诗人。除去散失和他自己删掉的以外，还留下9300多首诗！

苏联文豪高尔基，没有上过多少学，全靠自己刻苦读书，他说："我扑在书籍上，就像饥饿的人扑在面包上一样"；英国19世纪的著名作家狄更斯，小时候酷爱读书。他家有一座小阁楼，堆放着许多书籍，他常常一个人爬上去贪婪地读着，吸收着其中丰富的知识；《堂吉诃德》的作者西班牙人塞万提斯，只上过中学，但读书非常努力，他把能找到的优秀文学作品都拿来阅读，有时走到街上，拾到烂字纸也要读一读。在广泛阅读中汲取了丰富的营养；丹麦作家安徒生，家庭贫困，饱受饥饿、颠沛流离之苦，但他废寝忘食地阅读一切能够找到的文学作品，后来写成了《丑小鸭》、《卖火柴的小女孩》、《皇帝的新装》等优美的童话故事；中国现代作家张恨水，夏天晚上读书时，为避免蚊虫叮咬，将自己的双腿伸进桌子底下盛满清水的大木桶里。到17岁叫，他已读完了《三国演义》、《红楼梦》等几百部小说和唐宋诗词，后来他写出了100多部长篇小说。

著名数学家张广厚在少年时代刻苦学习的故事会对大家有所启发。张广厚上小学时，由于算术成绩特别差，没考上初中，但他并不灰心，他相信只要自己勤奋学习，一定能克服知识上的缺陷，把学习搞上去。于是他仔细检查了自己学习上的毛病，特别是数学学不好的原因。经过几个月的苦练，他的学习成绩有了显著的提高，并以优秀的成绩考上了中学。在中学阶段，他的学习更加勤奋了，读完中学又以优异的成绩考上了大学，最后在数学方面刻苦钻研，成了国际公认的大数学家。张广厚上小学连算术都考不及格，但以后却成为著名的数学家，这件事十分生动地说明了一个道理——勤能补拙。

现在有些人，缺乏刻苦读书的精神。林语堂有一首打油诗，"春天不是读书天，夏日炎炎最好眠。等到秋来冬又至，不如等待到来年"。还有一句诗，"春困秋乏夏打盹，守着火炉待来年"，都是讽刺那些找各种理由不读书、不学习的人。古人有"三余三上"的学习美谈。所谓"三余"，是指"冬者，岁之余；夜者，日之余；阴雨者，时之余"。说的是东汉末年董遇，对《老子》和《左传》有精深的研究，有人向他请教，他却不肯教，而是说：一定要先读上一百遍，书读百遍，其意自明。向他请教的人，认为没有时间，董遇便教导他应该用"三余"时间来学习。

所谓"三上"就是指马上、枕上、厕上，这是北宋文学家欧阳修总结的学习方法。鲁迅成名以后，忙到用分秒来安排工作。外人认为、他不可能有时间学习了，但他仍然用"望崦嵫（太阳落山的地方）而勿迫，恐鹈鴂（早晨鸣叫的水鸟）之先鸣"来自勉，拼命地挤时间读书学习，为人类创造了宝贵的精神财富。

辛勤是才能的基础。俗话说，熟能生巧，勤能补拙。有些同学学习上不去，就怨自己脑子笨、基础差，认为反正也学不好。思想上一旦套上这样的枷锁，对学习就会丧失信心。俗话说：天才出于勤奋。人脑越用越灵，人手越用越巧。事实证明，只要通过努力学习，刻苦钻研，即使原来基础差，也可以赶上去，获得良好的学习成绩。

人生感悟

用功学习虽是苦事，却如同4点起床，在黑夜中向前走，会越走越光明；游玩虽是乐事，却如同傍晚出门，趁黄昏走，会越走越黑暗。

第三篇

读书的选择

读书要多读好书

你经常在读哪一类书？你大体喜欢读什么样的书？过去，有些人一听到这样的话便会回答："要说书，除了漫画，我什么也不看。"也许这些人现在有些改变了，也想读一些有意义的书了吧？因为读书可以改变你的人生态度。

走进书店，你会发现里面的书多得目不暇接，简直让你不知挑哪本好。有很多人因此而感到苦恼，每天新出的书堆积如山，人们无从选择也是当然的事。结果就是，花了很多时间选的书，当时好像如获至宝，过后便成为废纸一堆。有些人读了现代文学便改读古典文学。然而，当他们一旦发现读古文很费时间，便又觉得索然无味。于是，他们宁肯做些体育运动或搞点什么个人爱好。

但你要记住，有很多好书可以使你成为伟人。所谓好书，就是作者把自己的思想和生活方式融于书中，从书中你可以获得无比的勇气和诸多有益的忠告。它可以满足你的一切欲望，让你如获甘泉。对于一般人来说，做到这点简直是可望不可即的事。就连遇上这种类型的人也决非易事。环视一下你周围的熟人、前辈和学校老师，他们之中有多少可以被你敬为人师，受你仰慕，并给你以强烈影响的人呢？你也没有把握吧！如果有这种人，那么又有谁的思考方式和生活方式是值得仿效的呢？又有谁在你需要的时候，能给予你帮助和忠告呢？

我们一生中遇到的人毕竟屈指可数。若能遇上一些杰出的人物，那就是你一生中莫大的幸运。关于这些方面的书已经泛滥成灾。当然，若是真正有价值的书，自然能流传后世，但千万不要被那些时髦的畅销书所迷惑，养成读好书的习惯是至关重要的。

如果你只读布鲁诺的小说，心里就会觉得朦朦胧胧的；若是整天抱着推理小说的话，那么你会从头到脚去模仿侦探；如果你喜欢太宰治的作品，你就当心自己可能会掉进生活苦井中。根据你个人喜好去读书，你的性格就会受到不同的感化。

但凡成功者，不是有伟人给他们指路，就是受益于能指导人生的好书。无论如何，你都应当读那种像座右铭一样的好书。

上面这篇文章是作者为日本的清柳宏。他明确地告诉我们，我们应该多读好书。

英国学者塞缪尔·斯迈尔斯说："最优秀的书是一种由高贵的语言和闪光的思想构成的财富，为人类所铭记、所珍惜，是我们永恒的伴侣和慰藉……书籍把我们介绍给良师益友，使我们认识迄今为止人类最伟大的灵魂。"

对于中小学生来说，在阅读的时候，要多读好书。好书可以让我们多长见识，正如歌德所说："读一本好书，就是和许多高尚的人谈话。"而不好的书则会影响我们的价值观和思想。正如菲尔丁所说："不好的书也像不好的朋友一样，可能会把你残害。"别林斯基也说："不好的书告诉你错误的概念；使无知者变得更无知。"

什么样的书才是好书？中小学生怎样为挑选适合自己的好书？有3个策略：

第一个策略：读第一流的书。

在这么多的书籍中，只要你认真筛选、认真比较，你就会发现，某一类、某一学科、某一领域的书籍总有一些比较突出的代表作，这些代表作就是"第一流的书"，你只要找到这些书籍，熟读这些书籍，你就可以掌握这一类、这一学科、这一领域的主要内容，了解这一学科的前沿和发展。

第二个策略：读第一流学者写的书。

现在写书的人实在太多，你无法通读每一个作家的作品，因此，你就可以找一些"第一流学者"的书来读。所谓的第一流的学者指的是在该领域或者该学科里最知名、最权威的人。他们往往潜心研究某一领域或某一学科，在自己的领域里取得了相当的成就，因此，他们能够站在比较高远的情况下去看待该领域、该学科的发展和趋势。读他们写的书，往往能够让你站得高、看得远，能够化较少的精力学到全面而准确的内容。

第三个策略：通过他人推荐的书。

如果你自己无法判断哪些是第一流的书和第一流学者写的书，你可以通过老师、父母等人推荐一些好的书。

少年时的陈垣，有一次偶然得到了清代学者张之洞写的《书目答问》

一书。打开一看，发现这本书开列了历史上许多著名的典籍，并作了鉴别，为读者提供了阅读的方向。陈垣十分高兴，连忙按照书目购买了大量书籍来阅读。

读书时要对书籍有兴趣，但是，我们不能光凭兴趣来读书。

我国美学家朱光潜说："有些人读书，全凭自己的兴趣。今天遇到一部有趣的书就把预先做的事丢开，用全部精力去读它；明天遇到另一部有趣的书，仍是如此办，虽然这两书在性质上毫不相关。一年之中可以时而习天文，时而研究蜜蜂，时而读莎士比亚。在旁人认为重要而自己不感兴趣的书都一概置之不理。这种读法有如打游击，亦如蜜蜂采蜜。它的好处在使读书成为乐事，对于一时兴到的著作可以深入，久而久之，可以养成一种不平凡的思路与胸襟。它的坏处在使读书泛滥而无所归宿，缺乏专门研究所必需的'经院式'的系统训练，产生畸形的发展，对于某一方面知识过于重视，对于另一方面知识可以很蒙昧。"

对于中小学生来说，选书的第一原则是选择那些对自己有益的，经典的好书。如果你多读好书，不知不觉，你就会从书籍当中吸取一些精华内容，你的见识、你的涵养也不知不觉地提高了。

人生感悟

你可以把自己最喜欢的作家当成朋友，每当读他的作品时，就想象自己在与他谈话，从他那里学到知识。这样，你就拥有了许多出色的朋友！

经典是什么

卡尔维诺（1923—1985），出生于古巴，在意大利长大，十几岁开始创作寓言、诗歌和戏剧。主要作品有《蜂巢小径》《树上的男爵》《守门人和其他》等。是意大利当代最富特色的作家，其每一部作品都呈现不同面貌，尤其是幻想小说和神话寓言，想象力丰富，令人惊叹。

卡尔维诺曾这样说过：

一、经典，是我们常听人说"我在重读……"而不是"我在阅读……"

的那类书。

二、我们将人们读了爱不释手、加以珍藏的书冠之以经典，但并非只是那些有幸初次阅读它们的人，才精心珍藏它们，欣赏它们。

三、经典具有特异的影响力，它们不可能从头脑中清除，它们潜藏在大脑的记忆层中，披上了集体或个体无意识的伪装。

四、每一次重读经典，就像初次阅读一般，是一次发现的航行。

五、每一次阅读经典实际上都是一种重读。

六、经典从来不会说，它该说的已说完了。

七、经典带着以往的阅读痕迹传承给我们，并且带着它们本身留给文化，或者更明白地说，语言和习俗的痕迹。

八、经典不一定教给我们以前不懂的东西。在经典中，我们有时发现的是某种自己已经知道（或者以为自己知道）的东西，但不知道是该作者率先提出的，或者至少以一种特殊的方式与其联系在一起。这同样是一种带给我们莫大欢愉的惊喜，就像我们总能从对血统、亲属关系和姻亲关系的发现中获益。

九、通过阅读经典，我们感到它们远比传闻中所想象的更新鲜、更出乎预料、更不可思议。

十、我们冠之以经典的书具有一种类似总体的形式，可与古代的法宝相提并论。根据这一界定，我们正在趋近马拉美所构想的"全书"的境界。

十一、经典作家是那类你不可能置之不理的作家，他有助于界定你与他的关系，即使你与他有分歧。

十二、经典只有与其他经典相权衡才能确定，但任何人都是先读了其他经典，然后才读它的，因而立刻就能在族谱上确认其地位。

十三、经典是这样一种东西，它很容易将时下的兴趣所在降格为背景噪音，但同时我们又无法离开这种背景噪音。

十四、经典是随背景噪音而存在的，哪怕在截然对立的兴趣控制着局面时，也是如此。

人生感悟

大浪淘沙说的是历史和时间的一种甄别，无情却精准，任何人任何事，都难逃它的法眼。这个词同样适合于书，只有那些禁得住时间和历史考验的作品，才能最终称得上"经典"二字。

学会选择与鉴别

老舍（1899～1966），现当代小说家、剧作家。原名舒庆春，字舍予，北京人，满族。1936年发表的《骆驼祥子》为现代文学史上杰出作品之一。1950年创作话剧《龙须沟》，获北京市人民政府授予的"人民艺术家"称号。1957年创作《茶馆》，为建国后杰出话剧作品之一。

老舍先生针对如何选择书籍来读曾这样说过：

吃东西要有选择：吃有营养的，不吃有毒的。对精神食粮也必须选择：好书，开卷有益；坏书，开卷有害，可能有很大的害。在旧社会里，有些人以编写坏书或贩卖坏书为职业。有不少青年受了骗，因为看坏书而损害了身体，或道德败落：变成坏人。今天，我们还该随时警惕，不要随便抓起一本书就看，那会误中毒害。至于故意去找残余的坏书阅读，简直是自暴自弃的表现，今日的青年一定知道不该这么做。

特别应当注意选择文艺作品。有的人管小说什么的叫做闲书，并且以为随便看看闲书不会有什么害处。这不对。"闲书"可能有很大的危害。旧日的坏书多数是利用小说等文学形式写成，只为生意兴隆，不管害人多少。我们千万不可上当。

俗话说：老不读《三国》，少不看《水浒》。这并不是说《三国》与《水浒》不好，而是说它们有很强的感染力，能够左右读者的思想感情，去摹仿书中人物。的确是这样：一部好小说会使读者志气昂扬，力争上游；一部坏小说会使读者志气消沉，腐化堕落。留点儿神吧，别采取看闲书的态度，信手拾来，随便消遣。看坏书如同吸鸦片烟，会使人上瘾，越吸越爱吸，也就受毒越深。

还有一种书，荒诞无稽，也足以使人——特别是青年与少年，异想天开，做出荒唐的事来。如剑侠小说，我们从前不是听说过么：十四五岁的中学生因读剑侠小说而逃出学校，到深山古洞去访什么老祖或圣母，学习飞剑杀人、呼风唤雨等等本领。结果呢，既荒废了学业，也没找到什么老祖或圣母——世界上从来没有过什么老祖或圣母啊！使人不务正业，而去求仙修道，难道不是害处么？

怎么选择呢？不需要开一张书目，这么办就行：要看，就先看当代的好作品。我们的确有许多好小说，好剧本，好诗集，好文学刊物，好革命回忆录……为什么不看这些，而单找些无聊的东西浪费时光，或有害的东西自寻苦恼呢？生活在今天，就应当关心今天的国家建设与革命事业的大事，而我们这几年出版的好作品恰好是反映这些的。它们既足以使我们受到鼓舞，争取进步，又能获得艺术上的享受，有多么好呢！

或者有人说：新的作品读起来费力，不如某些剑侠小说、言情小说、公案小说等等那么简单省劲儿。首先就该矫正这个看法。在我自己的少年时期，最先接触到的就是《施公案》一类的小说。到20岁左右，我才看到新小说。读了几本新小说之后，再拿起《施公案》来看，便看不下去了。从内容上说，新小说里所反映的正是我迫切要知道的，《施公案》没有这样的亲切。从文笔上说，新小说中有许多是艺术作品，而《施公案》没有这样的水平。新小说唤醒我对社会的关切，提高了我的文艺欣赏力，我没法子再喜爱《施公案》。后来，我自己也学习写小说，走的是新小说的路子，不是《施公案》的路子。不怕不识货，就怕货比货，比一比就知道谁高谁低了。我相信，谁都一样：念过几本新作品，就会放弃了《施公案》。一个研究文学的人，自然要广为阅览，以便分析比较。但是，这是专家的工作，一般人不宜借口要博阅广见而一视同仁，不辨好坏，抓住什么读什么。

现代题材的作品读了不少以后，再去看古典作品，就比较妥当。因为，若是一开始就读古典作品，心中没有底，不会鉴别，往往就容易发生误解，以为古典作品中的英雄人物，不管是18世纪的，还是19世纪的，都是模范，值得效仿。这一定会出毛病。不论多么伟大的作家也没有一眼看到几百年后的本领，他的成功是塑造了他的时代的典型人物。但这只是那个时代的典型人物，并不足以典范千古。即使这个人物是正面的人物，是好人，他也必须带着他那个时代必不可免的缺点，不应该也不可能成为我们时代的模范。是呀，一个18世纪的人怎么能够成为社会主义建设者呢？正面人物尚且如此，何况那反面人物呢？

阅读古典作品而受到感动是当然的，这正好证明古典作品之所以为古典作品，具有不朽的价值。但是，因受感动而去摹仿书中人物的行为就是另一回事了。这证明读者没有鉴别的能力，糊糊涂涂地作了古代作品的俘虏。

我们能够从古典的杰作中了解到某一个历史时期的男女是怎么生活着的，明白一些他们的思想感情，志愿与理想，遭遇与成败。小说等文艺作品虽然不是历史，却足以帮助我们明白些历史的发展，使我们通达，因而也就更爱我们自己的时代与社会。我们的社会制度是最进步的制度，我们的社会现实曾经是多少前哲的理想。以古比今，我们感到幸福，从而意气风发，去建设我们的社会主义。我们读过的现代好作品帮助我们认清我们的社会，鼓舞我们努力建设社会主义的雄心壮志。有了这个底子，再看古典作品，我们就有了鉴别力，叫古为今用，不叫今为古用，去作古书的俘虏。假若我们看了《红楼梦》，而不可怜那悲剧中的贾宝玉与林黛玉，不觉得我们自己是多么幸福，反倒去羡慕"大观园"中的腐烂生活，就是既没有了解《红楼梦》，也忘了自己是什么时代的人。这不仅荒唐可笑，而且会使个人消沉或堕落，使个人在社会主义建设工作上受到损失。这个害处可真不小！历史是向前进的，人也得往前走，不应后退！假若今天我们自己要写一部新《红楼梦》，大概谁也会想得到，我们必然是去描写某工厂或某农村的青年男女怎样千方百计地增产节约，怎样忘我地劳动，个个奋勇争先，为集体的事业去争取红旗。我们的《红楼梦》里的生活是健康的，愉快的，民主的，创造的，不会有以泪洗面的林黛玉，也不会有"大观园"中的一切乱七八糟。假若不幸有个林黛玉型的姑娘出现，我们必然会热诚地帮助她，叫她坚强起来，积极地从事生产，不再动不动地就掉眼泪。假若她是因读老《红楼梦》而学会多愁善感的，我们就会劝她读读《刘胡兰》，看看新电影，叫她先认清现代青年的责任是什么，切莫糊糊涂涂地糟蹋了自己。

有选择就不至于浪费时间或遭受毒害。

有鉴别就不会认错了时代，盲目崇拜古书，错误地摹仿前人，使自己不向前进，而往后退。

在这里，我主要地谈到文艺作品，因为阅读文艺作品而不加选择与鉴别，最容易使人受害。我并没有验看别种著作，说别种著作不需要选择与鉴别的意思，请勿误会。

人生感悟

与书相伴，恰如与人相处，所谓"近朱者赤，近墨者黑"。潜移默化的影响往往不知不觉。这其中的道理有点儿像"孟母择邻"，邻人的素质会影响到孩子的成长。读书也是如此。如何选择书，当慎之又慎。

要有"扔书"的勇气

韩少功，1953年出生于湖南省。当代作家。著有长篇小说《马桥词典》、中篇小说《爸爸爸》《女女女》等，其中，《西望茅草地》和《飞过蓝天》分获1980、1981年全国优秀短篇小说奖。是1985年倡导"寻根文学"的代表性人物，并努力在理论和创作中实践这一主张。

韩少功先生曾写过这样一篇文章：

出版印刷业发达的今天，每天有数以万计的书刊哗啦啦冒出来，一个人既没有可能也毫无必要一一遍读。面对茫茫书海，择要而读，择优而读，把有限的时间投于自己特定的求知方向，尽可能增加读书成效，当然就成了一门学问。笼统地说"开卷有益"，如果导向一种见卷即开、凡书皆读的理解，必定误人不浅。这种理解出自并不怎么真正读书的外行，大概也没有什么疑义。

在我看来，书至少可以分为4种：

一是可读之书。这些书当然是指好书，是生活经验的认真总结，勃发出思维和感觉的原创，常常刷新着文化的纪录乃至标示出一个时代的精神高峰。这些书独出心裁，独辟生面，绝不会人云亦云；无论浅易还是艰深，都透出实践的本质和生动性，不会用套话和废话来躲躲闪闪，不会对读者进行大言欺世的概念轰炸和术语倾销。这些书在专业圈内外的各种读者那里，可根据不同的具体情况，作读读或选读、急读或缓读的不同安排，但它们作为人类心智的燃点和光源，是每个人精神不可或缺的支撑。

阅读
——改变人生的轨迹

二是可翻之书。翻也是一种读法，只是无须过于振作精神，殚思竭虑，有时候一目数行或者数十行亦无不可。一般来说，翻翻而已的书没有多少重要的创识，但收罗和传达了某些不妨了解一下的信息，稀释于文，需要读者快速滤选才有所获。这些信息可使人博闻，增加一些认识世界感受人生的材料，或可使人娱心，作劳作之余的消遣，起到类如跳舞、看杂技或者玩花弄草的作用。这些书在任何时代都产量极丰，充塞着书店的多数书架，是一些粗活和大路货，是营养有限但也害不了命的口香零食。人们只要没有把零食误当主粮，误作治病的良药，偶有闲时放开一下杂食的胃口，倒也没有坏处。

三是可备之书，这类书不必读甚至不必翻，买回家记下书名或要目以后便可束之高阁。倒不是为了伪作风雅，一心以丰富藏书作自己接待客人的背景，也不是说这些书没有用处，恰恰相反，它们常常是一些颇为重要的工具书或参考资料，具有较高的实用价值。之所以把它们列于眼下备而不读甚至不翻的冷僻处，是因为它们一时还用不上，是晴天的雨伞，太平时期的防身格斗术。将来能不能用，也不大说得准。在通常的情况下，它们不关乎当下的修身之本，只关乎未来的谋生之用。它们的效益对社会来说确定无疑，对个别人来说则只是可能。对它们给予收集和储备，不失为一些有心人未雨绸缪的周到。

最后一种，是可扔之书。读书人都需要正常的记忆力，但擅记忆的人一定会擅忘记，会读书的人一定会扔书——把一些书扔进垃圾堆不过是下决心忘掉它们的物化行为而已。不用说，这些书只是一些文化糟粕，一些丑陋心态和低智商的喋喋不休，即便闲置书架，也是一种戳眼的环境污染，是浪费主人以后时光和精力的隐患。一个有限的脑容量殊可珍贵，应该好好规划好好利用，不能让乌七八糟的信息随意侵入和窃据。古人说清心才能治学，虚怀才能求知。及时忘记应该忘记的东西，坚决清除某些无用和无益的伪知识，是心境得以"清""虚"的必要条件，是保证思维和感觉能够健康发育的空间开拓。

因为"文革"十年的耽搁，我读书不多，算不上够格的读书人。自觉对优秀作品缺乏足够的鉴赏力和理解力，如果说还有点儿出息，是自己总算还能辨出什么书是必须丢掉的垃圾。一旦嗅出气味不对，立刻调头就走。每到岁末,我总要借打扫卫生的机会,清理出一大堆属于可扔的印刷品,包括某些学术骗子和商业炒家哄抬出来的名作,忙不迭地把它们赶出门去,让我的房间洁净明亮许多。我的经验是,可扔可不扔的书,最好扔;可早扔也可迟扔的书,最好早扔。在一个知识爆炸的时代,我们的时间已经相对锐减,该读的书都读不过来,还有什么闲工夫犹疑他顾?

从这个意义上来说,出版印刷业日渐发达的年代,也是扔书的勇气和能力更加显得重要的年代。

人生感悟

读书正如交朋友,有些朋友是真朋友,总是给我们帮助,和我们互相进步,这一类是益友。有些朋友却正好相反,他们迷惑我们的思维和判断,甚至让我们迷失了人生的方向,这一类是损友。留住益友,将其珍藏;扔掉损友,就如扔书。

最初的永远是最好的

恩格斯(1820—1895)是伟大的无产阶级革命导师,马克思主义创始人之一。生于德国莱茵省巴门市。1837年中学未毕业就遵父命弃学从商,他利用业余时间刻苦读书。1841年在柏林服兵役时常去柏林大学听课。1844年在巴黎会见马克思,从此结为亲密战友,终生共同从事国际共产主义运动。

恩格斯的读书方法之一是重视读原著,一般不轻易使用第二手、第三手材料。1884年8月6日,德国社会民主党人格奥尔格·亨利·希福尔给恩格斯写了一封信,说有一位女士对社会主义感兴趣并打算研究社会科学,但不知进哪一所高等学校才好。恩格斯复信道,这个问题很难回答,关键是要自学,并掌握有效的自学方法。恩格斯在信中说:"从真正古典的书籍学起,而不是从那些最要不得的德国经济学简述读物或这些读物的作者的讲稿学起","最主要的是,认真学习从重农学派到斯密和李嘉图及其学派的古典经济学,还有空想社会主义者圣西门、傅立叶和欧文的著作,以及马克思著作,同时要不断地努力得出自己的见解。"

也就是说，要系统地读原著，因为"研究原著本身，不会让一些简述读物和别的第二手资料引入迷途。"(《马克思恩格斯〈资本论〉书信集》)。从其阅读过的书目来看，恩格斯虽然也读过大量的通俗小册子、报刊等，但花工夫最大、读得最多的还是那些经典原著。他认为，系统读原著是从事研究的一种正确的读书方法。这样，可以了解一个理论的产生、发展和完善的过程，不仅可以全面系统地掌握基本原理，而且可以掌握其发展过程，了解这一理论的全貌。宁可阅读《西游记》，也不去看《大话西游》。《大话西游》里的孙悟空不再是原著中的除妖惩恶、忠心护送唐僧取经的正义形象，在现在的学生们的心中变得怪诞、搞笑。

现在学生应试技巧不断提高，但文学修养却在大大退步，就连大学中文系学生都没有时间阅读文学名著，而将主要精力放在了英语与计算机的学习上。现在学生阅读中存在的四大弊病：读图不读书、读流行不读经典、读史不读原著、读缩写本不读原著。

许多学生了解原著都只是通过电影、连环画等，真正能静下心来慢慢读书的少之又少。而"读经典，读原著"是提高学生人文素养的最佳办法。对于一些学生为了考试而忙着读史，了解一些作品的梗概以及读缩写本来代替原著的做法，实践证明是错误的。

这里还要强调一个关于阅读英文原版书籍的问题。在学生时代，老师都再三叮咛，在阅读英文教科书时，"手中最好牢抓着字典"。字典必须经常翻动，"字典越污损，外语能力越能提高"这句话完全正确。学生是没有话说。如果是为了工作方面的需要，必须阅读外国文献，则实在不宜忠实地遵守这种"教导"。

利用字典找一个单字，需耗费相当的时间及精神。而且，一旦翻查字典，就非中断本来"读书"的事情不可，思考也会跟着半途中断。如此一来，不容易抓到连贯之处，吸收信息的效率将转低。

如果你具有英文一级考试鉴定资格以及口译英语的资格，但是，遇到阅读原文以及外文资料时，仍时常会碰到一些不懂的单词。即使是这种场合，原则上，你还是会继续阅读到最后。纵然有好几个单词，但从前后文章之间的关联，也可以作某种程度的推测。对于那些不懂的单词，如实属重要的话，事后，就整理起来一块查字典。

总而言之，站在效率的立场来说，能够把握通篇文章的意思才是最重要的。只要能够把握全文内容，即使看完整篇文章后，再查字典，也可以从单句所具有的含义中，找出更适合的意思，当然就能够更为精确地把握内容。

人生感悟

文学原著有着无可替代的魅力，只有读原著才是最好的提高人文素养的方法。

要读"自然书"

李四光（1889—1971），原名李仲揆，蒙古族，湖北黄冈人。著名地质学家，我国现代地球科学和地质工作奠基人。著有《地球表面形象变迁的主因》《地质力学概论》《中国地质学》《地震地质》等。

李四先生曾这样说过：

什么是书？书就是好事的人用文字或特别的符号，或兼用图画将天然的事物或著者的理想（幻想、妄想、滥想都包在其中）描写出来的一种东西。这个定义如若得当，我们无妨把现在世界上的书籍分作几类：（甲）原著，内含许多著者独见的事实，或许多新理想新意见，或二者兼而有之。（乙）集著，其中包罗各专家关于某某问题所搜集的事实，并对于同项问题所发表的意见，精华丛聚，配置有条，著者或参以己见，或不参以己见。（丙）选著，择录大著作精华，加以锻炼，不遗要点，不失真谛。（丁）窃著，拾取一二人的唾余，敷衍成篇，或含糊塞责，或断章取义。窃著者，名者书盗。假若秦皇再生，我们对于这种窃著书盗，似不必予以援助。各类的书籍既是如此不同，我们读书的人应该注意选择。

什么是自然？这个大千世界中，也可说是四面世界（Four dimensional world）中所有的事物都是自然书中的材料。这些材料最真实，它们的配置最适当。如若世界有美的事，这一大块文章，我们不能不承认它再美没有。可惜我们的机能有限，生命有限，不能把这一本大百科全书一气读完。如是学"科学方法"的问题发生,什么叫做科学的方法?那就是读自然书的方法。

书是死的,自然是活的。读书的工夫大半在记忆与思索(有人读书并不思索,我幼时读四子书就是最好的一个例)。读自然书,种种机能非同时并用不可,而精确的观察尤为重要。

读书是我和著者的交涉,读自然书是我和物的直接交涉。所以读书是间接的求学,读自然书乃是直接的求学。读书不过为引人求学的头一段功夫,到了能读自然书方算得真正读书。只知道书不知道自然的人名曰"书呆子"。

世界是一个整的,各部彼此都有密切的关系,我们硬把它分做若干部,是权宜的办法,是对于自然没有加以公平的处理,大家不注意这种办法是权宜的,是假定的,所以酿出许多科学上的争论。Ievons说按期经济的恐慌源于天象,人都笑他,殊不知我们吃一杯茶已经牵动太阳,倒没有人引以为怪。

我们笑腐儒读书,断章取义咸引为戒。今日科学家往往把他们的问题缩小到一定的范围,或把天然连贯的事物硬划作几部,以为在那个范围里的事物弄清楚了的时候,他们的问题就完全解决了,这也未免在自然书中断章取义。这一类科学家的态度,我们不敢赞同。

我觉得我们读书总应竭我们五官的能力(五官以外还有认识的能力与否我们现在还不知道)去读自然书,把寻常的读书当做读自然书的一个阶段。读自然书时我们不可忘却,我们所读的一字一句(即一事一物)的意义还视全节全篇的意义为意义,否则成一个自然书呆子。

人生感悟

所谓"自然书",从大的范围上讲就是万事万物,从小的范围来讲,就是我们常说的生活。读自然书的意义在于切合实际,所谓"师法自然"是也。再好的书籍本末都是源于自然,读于自然,便是追本溯源的学问。

开卷未必有益

周国平,1945年出生于上海。中国社会科学院哲学研究所研究员。著有学术专著《尼采：在世纪的转折点上》《尼采与形而上学》，随感集《人与永恒》，自传《岁月与性情》，散文集《守望的距离》，诗集《忧伤的情欲》等。其大量的作品以哲理性思辨为主，是当代颇具影响力的学者、作家。

周国平先生曾针对怎样读书有过这样的见解：

一

书籍少的时候，我们往往从一本书中读到许多东西。我们读到了书中有的东西，还读出了更多的书中没有的东西。

如今书籍愈来愈多，我们从书中读到的东西却愈来愈少。我们对书中有的东西尚且挂一漏万，更无暇读出书中没有的东西了。

二

人们总是想知道怎样读书，其实他们更应当知道的是怎样不读书。

三

一个人是有可能被过多的文化伤害的。蒙田把这种情形称作"文殛"，即被文字之斧劈伤。

我的一位酷爱诗歌、熟记许多名篇的朋友叹道："有了歌德，有了波德莱尔，我们还写什么诗！"我与他争论：尽管有歌德，尽管有波德莱尔，却只有一个我，这个我是歌德和波德莱尔所不能代替的，所以我还是要写！

开卷有益，但也可能无益，甚至有害，就看它是激发还是压抑了自己的创造力。

我衡量一本书的价值的标准是：读了它之后，我自己是否也遏止不住地想写点儿什么，哪怕我想写的东西表面上与它似乎全然无关。

四

在才智方面，我平生最佩服两种人：一是有非凡记忆力的人，一是有出色口才的人。也许这两种才能原是一种，能言善辩是以博闻强记为前提的。我自己在这两方面相当自卑，读过的书只留下模糊的印象，谈论起自己的见解来也就只好寥寥数语，无法旁征博引。

不过，自卑之余，我有时又自我解嘲，健忘未必全无益处：可以不被读过的东西牵着鼻子走，易于发挥自己的独创性；言语简洁，不夸夸其谈，因为实在谈不出更多的东西；对事物和书籍永远保持新鲜感，不管接触多少回，总像第一次见到一样。如果我真能过目不忘，恐怕脑中不再有自己的立足之地，而太阳下也不再有新鲜的事物了。

近日读蒙田的随笔，没想到他也是记忆力差的人，并且也发现了记忆力差的这三种好处。

五

自我是一个凝聚点。不应该把自我溶解在大师们的作品中，而应该把大师们的作品吸收到自我中来。对于自我来说，一切都只是养料。

六

有两种人不可读太多的书：天才和白痴。天才读太多的书，就会占去创造的工夫，甚至窒息创造的活力，这是无可弥补的损失。白痴读书越多越糊涂，愈发不可救药。

天才和白痴都不需要太多的知识，尽管原因不同。倒是对于处在两极之间的普通人，知识较为有用，可以弥补天赋的不足，可以发展实际的才能。所谓"貂不足，狗尾续"，而貂已足和没有貂者是用不着续狗尾的。

七

有的人有自己的独特感受，有的人却只是对别人的感受发生同感罢了。两者都是真情实感，然而是两码事。

八

读书犹如采金。有的人是沙里淘金，读破万卷，小康而已。有的人是点石成金，随手翻翻，便成巨富。

九

在读一位大思想家的作品时，无论谴责还是辩护都是极狭隘的立场，与所读对象太不相称。我们需要的是一种对话式的理解，其中既有共鸣，也有抗争。

认真说来，一个人受另一个人（例如一位作家，一位哲学家）的"影响"是什么意思呢？无非是一种自我发现，是自己本已存在但沉睡着的东西的被唤醒。对心灵所发生的重大影响绝不可能是一种灌输，而应是一种共鸣和抗争。无论一本著作多么伟大，如果不能引起我的共鸣和抗争，它对于我实际上是不存在的。

十

前人的思想对于我不过是食物。让化学家们去精确地分析这些食物的化学成分吧，至于我，我只是凭着我的趣味去选择食物，品尝美味，吸收营养。我胃口很好，消化得很好，活得快乐而健康，这就够了，哪里有耐心去编制每一种食物的营养成分表！

人生感悟

好多事情都是一把双刃剑。读书也不例外。很多人通过读书，成了博古通今的饱学之士。但也有很多人，读成了食古不化的"书虫"。书如山，只有寻找到上山的道路，才会最终站在山顶，而不至于将自我迷失在山野之中。

读书与用书

陶行知（1891—1946），现代教育家。安徽歙县人。他创立的"生活教育"学说，内涵宏富，论述精当，奠定了我国人民教育改革和发展的思想基础。宋庆龄称他是"万世师表"。他学识丰富，人格高尚，堪称中国近现代教育史上的"一代巨人"，是人民教师的楷模。

陶行知先生曾写过这样一篇文章：

一、三种人的生活

中国有三种人：书呆子是读死书，死读书，读书死。工人、农人、苦力、伙计是做死工，死做工，做工死。少爷、小姐、太太、老爷是享死福，死享福，享福死。

二、三帖药

书呆子要动动手，把那呆头呆脑的样子改过来，你们要吃一帖"手化脑"才会好。我劝你们少读一点儿书，否则在脑里要长"痞块"咧。工人、农人、苦力、伙计要多读一点儿书，吃一帖"脑化手"，否则是一辈子要"劳而不获"。少爷、小姐、太太、老爷，你们是快乐死了。好，愿意死就快快地死掉吧。我代你们挖坟墓。倘使不愿死，就得把手套解掉，把高跟鞋脱掉，把那享现成福的念头打断，把手儿、头脑儿拿出来服侍大众并为大众打算。药在你们自己的身上，我开不出别的药方来。

三、读书人与吃饭人

与读书联成一气的有"读书人"一个名词。假使书是应该读的，便应使人人有书读，绝不能单使一部分的人有书读叫做读书人，又一部分的人无书读叫做不读书人。比如饭是必须吃的便应使人人有饭吃，绝不能使一部分的人有饭吃叫做吃饭人，有一部分的人无饭吃叫做不吃饭人。从另一面看，只知道吃饭，不成为饭桶了吗？只知道读书，别的事一点儿也不会做，不成为一个活书架了吗？

四、吃书与用书

有些人叫做蛀书虫。他们把书儿当做糖吃，甚至于当做大烟吃。吃糖是没有人反对的，但是整天吃糖，不要变成一个糖菩萨吗？何况是连日带夜地抽大烟，怪不得中国的文人，几乎个个黄皮骨瘦，好像鸦片烟鬼一样，我们不能否认，中国是吃书的人多，用书的人少。现在要换一换方针才行。

书只是一种工具，和锯子、锄头一样，都是给人用的。我们与其说"读书"，不如说"用书"。书里有真知识和假知识。读它一辈子不能分辨它的真假，可是用它一下，书的本来面目就显了出来，真的便用得出去，假的便用不出去。

农人要用书，工人要用书，商人要用书，兵士要用书，医生要用书，画家要用书，教师要用书，唱歌的要用书，做戏的要用书，三百六十行，行行要用书，行行都成了用书的人，真知识才愈益普及，愈易发现了。书是三百六十行之公物，不是读书人所能据为私有的。等到三百六十行都是用书人，读书的专利便完全打破，读书人除非改行，便不能混饭吃了。好，我们把我们所要用的书找出来吧。

用书如用刀，不快就要磨。

呆磨不切菜，怎能见婆婆。

五、书不可尽信

孟子说："尽信书则不如无书。"在书里没有上过大当的人，绝不能说出这一句话来。连字典有时也不可以太相信。第五十一期的《论语》（文艺半月刊，林语堂主编——编者注）的《半月要闻》内有这样一条：

据二卷十二期《图书评论》载：《王云五大辞典》将汤玉麟之承德归入察哈尔，张家口"收回"入河北，瀛台移入"故宫太液池"，雨花台移入南京"城内"，大明湖移出"历城县西北"。

我叫小孩子们查一查《王云五大辞典》，究竟是不是这样，小孩们的报告是，《王云五大辞典》真的弄错了。只有一条不能断定，南京有内城、外城，雨花台是在内城之外，但是否在外城之内，因家中无志书，回答不出。总之，书不可尽信，连字典也不可尽信。

六、戴东原的故事

书既不可以全信，那么，应当怀疑的地方就得问。学非问不明。戴东原先生在这一点上是给了我们一个很好的引导。东原先生10岁才能开口讲话，《大学》有经一章，传10章。有一条注解说这一章经是孔子的话，由曾子写的；那10章传是曾子之意，由他的门徒记下来的。东原先生问塾师怎样知道是如此。塾师说："朱文公（夫子）是这样注的。"他问朱文公是何时人。塾师说："是宋朝人。"他又问孔子和曾子是何时人。塾师说是周朝人。"周朝离宋朝有多少年代？""差不多是两千年了。——那么，朱文公怎样能知道呢？"塾师答不出，赞叹了一声说："这真是个非常的小孩子呀！"

七、王冕的故事

王冕10岁时，母亲叫他到面前说："儿啊！不是我有心耽误你，只因你父亲死后，我一个寡妇人家，年岁不好，柴米又贵，这几件旧衣服和旧家伙都当卖了。只靠我做些针线生活寻来的钱，如何供得你读书？如今没奈何，把你雇到隔壁人家放牛，每月可得几钱银子，你又有现成饭吃，只在明天就要去了。"王冕说："娘说的是。我在学堂里坐着，心里也闷，不如往他家放牛，倒快活些。假如我要读书，依旧可以带几本去读。"王冕自此只在秦家放牛。

每日点心钱也不用掉，聚到一两个月，偷空走到村学堂里，见那闹学堂的书客，就买几本旧书，逐日把牛拴了，坐在柳荫树下看。

现在学校教育是对穷孩子封锁，有钱、有闲、有面子才有书念。我们穷人就不要求学吗？不，社会就是我们的大学。关在门外的穷孩子，我们踏着王冕的脚迹来攀上知识的高塔吧！

人生感悟

读书与用书，很像一对孪生兄弟。更准确一些说，它们是一对连体婴儿，彼此互相影响，互相牵制。久相得益彰。读书不可不用，用书便不可不读。如何让这对奇特的生命存活，是阅读者最需要考虑的问题。

第四篇

读书的方法

宝塔式读书法

邹韬奋（1895—1944），新闻记者、政论家、出版家。原名恩润，祖籍江西余江县，生于福建永安。毕生从事新闻出版工作。先后在上海、香港主编《大众生活》周刊、《生活日报》、《生活星期刊》等。邹韬奋一生著述甚多，编为《韬奋文集》、《韬奋全集》等。

邹韬奋先生写过一篇叫《宝塔式读书法》的文章：

常有青年朋友写信问起写作的秘诀，其实我只是一个平凡的新闻记者，写的不过是平凡的新闻记者所写的很平凡的东西，说不上什么作家，所以对于这种问句，很感到惭愧。不过就我很平凡的一点儿经验说，觉得在初学方面最重要的不外乎两点：一是写的技术，二是写的内容。简单说起来，所谓写的技术，是能够写得出自己所要说的话，也就是能够达意。所谓写的内容是有话说，也就是有什么意思或意见要说出来。

我上次和诸君谈过在小学和中学里得到良师教授国文的情形。但教师尽管教得好，实际的领略和运用，还是要靠自己努力去干，从干的当中得到要诀。这好像游泳一样，只是听了是无用的，必须钻到水里去游泳，才有所得。我当时在学校里所学的国文还是文言文，读的是古文。只靠教师在课堂上教的几篇是不够的，所以对于什么《古文辞类纂》、《经史百家杂钞》、所谓八大家的各个专集（尤其是《韩昌黎全集》）、《王阳明全集》，《曾文正全集》以及《明儒学案》等等，在课外都完全看了一下。觉得其中特别为自己所喜欢的，便在题目上做个记号，再看第二次；尤其喜欢的再看第三次；最最喜欢的，一遇着可以偷闲的时候，就常常看。此外如《新民丛报》，梁任公和汪精卫笔战的文字，在当时也是我看得津津有味的东西。还有一部书也是我在当时很喜欢看的，说来很奇特，是所谓"仨名臣书脚"，共有四册，是曾涤生、胡林翼和曾纪泽的奏折和信札。我却不是崇拜什么"名臣"，只觉得这里面的文字都很精悍通达，对于他们处理事务的精明强干，尤其是物色人才和运用人才方面，感到很深的兴趣。据说他们的这些文字不一定是完全自己写的，有好些是当时幕府中的能手代作的。我有一天在旧书摊上无意中碰到这部旧书，偶然翻看了几页，觉得越看越有趣，便把它买回来，居然在我的书堆里面占了很"得宠"的位置。

当然，这是当时研究文言文做了的一点点功夫，现在注意的是白话文，研究的人不一定要走这条路，而且时代也更前进了，内容方面相去也更远。所以我和诸君随便谈到这里，并不是要开什么书目供参考，只是表示我们在初学的时候，要想增进自己的写的技术，便要注意多看自己所喜欢看的书。

我当时发现一个有趣的事实。我所看的书，当然不能都背诵得出的，看过了就好像和它分手彼此好像都忘掉，但是当我拿起笔来写作的时候，只要用得着任何文句或故事，它竟会突然出现于我的脑际，驰驱于我的腕下。我所以觉得奇怪的是：我用不着它的时候，它在我脑子里毫无影踪，一到用得着它的时候，它好像自己就跑了出来。我后来读到了心理学，觉得这大概就是所谓潜意识的作用吧。无论如何，我在当时自己暗中发现了这个事实，对于课外的阅读格外感觉到兴奋，因为我知道不是白读白看的，知道这在事实上的确是有益于我的写作技术的。

我觉得我们在阅读里既有着这样潜意识的作用，对于所选择的书籍的文字（这仅就写的技术方面说，内容当然也很重要），要特别注意。例如有些文字，尤其是所谓直译的文字，写得佶屈聱牙，几十个字一停的长句，看得多了，也要不知不觉中影响到一个人的写作的技术，写出来的东西也使人看了不懂，或似懂非懂，使人感觉头痛！

当然，看书有人指导是可以省却许多不必要的时间和精力的耗费。现在的青年在这方面已有比较的便利，因为有好些杂志对读书指导都是很热诚的。我在当时却是自己在暗中摸索着，但是我自己却也有一点儿选择的"策略"，虽简单得可笑，但在当时确受到不少的好处。我每到书店或旧书摊上去东张西望着，看到书目引我注意时，先在那里看它几页，称心才买，否则就要和它永诀。有些所谓作家，你虽然东看到他的大名，西也看到他的大名，但是也许买到他的大作来看看，却不免感觉到硬着头皮看下去也看不懂，或是味同嚼蜡，看着就想睡觉！

第四篇 ◆ 读书的方法

人生感悟

所谓"宝塔式读书法"，就是先从数量和广度入手，做粗读；再逐渐从中选择出自己喜欢的，做精读。那些非常出众，反复阅读的文章就成了"宝塔的尖顶"。"普以致用"，深深刻在记忆里的塔尖，用到时，便会呼之即出。

从目录学入手

陈垣（1880—1971），现当代历史学家、教育家。字援庵，广东新会人。他治学精勤刻苦，是中国宗教史研究的开创者之一。主要著作有《中国佛教史籍概论》、《中西回史日历》、《二十史朔闰表》等。

陈垣先生曾写过这样一篇关于读书方法的文章：

我读书是自己摸索出来的，没有得到老师的指导，有两点经验，对研究和教书或许有些帮助：

一、从目录学入手，可以知道各书的大概情况。这就是涉猎，其中有大批的书可以"不求甚解"。

二、要专门读通一些书，这就是专精，也就是深入细致，"要求甚解"。经部如论、孟，史部如史、汉，子部如庄、荀，集部如韩、柳，清代史学家书如《日知录》、《十驾斋养新录》等，必须有几部是自己全部过目常翻常阅的书。一部《论语》才13700字，一部《孟子》才35400字，都不够一张报纸字多，可见我们专门读通一些书也并不难。这就是有博，有约，有涉猎，有专精，在广泛的历史知识的基础上，又对某些书下一些工夫，才能作进一步的研究。

我们研究历史科学，需要知道的知识幅度很大，要了解古今中外，还要有自己较专门的学问。如果样样都去深钻，势必由于时间、精力有限，反使得样样都不能深，不能透。但是也不能只有专精，孤立地去钻研自己的专业，连一般的基础知识都不去注意，没有广泛丰富的知识，专业的钻研也将受到影响。学习历史也是如此，中国不是孤立于世界之外的，不了解世界历史，学中国史就必然受到限制，就不能很好地懂得中国。研究宋史，不知道整个中国历史发展过程，则宋史也学不通。研究任何朝代的断代史，都不能没有通史的知识作基础，也不能没有其他必要的各方面的知识。

不管学什么专业，不博就不能全面，对这个专业阅读的范围不广，就很像以管窥天，往往会造成孤陋寡闻，得出片面褊狭的结论。只有得到了宽广的专业知识，才能融会贯通，举一反三，全面解决问题。不专则样样不深，不能得到学问的精华，就很难攀登到这门科学的顶峰，更不要说超过前人了。博和专是辩证的统一，是相辅相成的，二者要很好地结合，在广博的基础上才能求得专精，在专精的钻研中又能扩大自己的知识面。

　　中国历史资料丰富，浩如烟海，研究的人，不可能也不必要把所有的书都看完，但不能不知道书的概况。有些书只知道书名和作者就可以了，有些书要知道简单的内容，有些书则要认真钻研，有些书甚至要背诵，这就是有的要涉猎、有的要专精。世界上的书多得很，不能都求甚解，但是要在某一专业上有所成就，也一定要有"必求甚解"的书。

　　同学们毕业之后，当然首先要把书教好，这是你们主要的任务；另外，在自修的时候，可以翻阅一下过去的目录书，如《书目答问》、《四库总目》等。这些书都是前人所作，不尽合于现在使用，但如果要对中国历史作进一步的研究，看一看也还是有好处的。

　　懂得目录学，则对中国历史书籍，大体上能心中有数。目录学就是历史书籍的介绍，它使我们大概知道有什么书，也就是使我们知道究竟都有什么文化遗产，看看祖遗的历史著述仓库里有什么存货，要调查研究一下。如果连遗产都有什么全不知道，怎能批判？怎能继承呢？萧何入关，先收秦图籍，为的是可以了解其关梁厄塞、户口钱粮等，我们做学问也应如此，也要先知道这门学问的概况。

　　目录学就好像一个账本，打开账本，前人留给我们的历史著作概况，可以了然，古人都有什么研究成果，要先摸摸底，到深入钻研时才能有门径，找自己所需要的资料，也就可以较容易地找到了。经常翻翻目录书，一来在历史书籍的领域中，可以扩大视野，二来因为书目熟，用起来得心应手，非常方便，并可以较充分地掌握前人研究成果，对自己的教学和研究工作都会有帮助。

　　有人说，有些青年基础知识差，这当然也是一个重要的问题。你们在校4年，虽然已经打下一些基础，但我们要更高地要求自己，今后还要在这方面多多注意。基础知识好比盖房时的地基，地基不打结实，房子就会倒塌。我国各行各业都有注意基本训练的优良传统，拳术、武术，初学时要花很多时间练好一招一式；戏剧科班，先学唱做念打，先练基本功。读书更是如此，古人读书，先背诵一些基本书籍，写字先学会拿笔和写字姿势，讲究横平竖直，作诗先学做联句对句，学习诗韵。研究一门科学，基本知识更是起码条件，不打好基础，就好像树没有根。当然前人对基本知识的要求与我们现在不同，但尽管有不同，而基本知识总是应当注意的。如学习历史，就必须学会阅读古文，要至少学会一种外语，而且要有一定的写作能力，这都是必不可少的。大家在哪些方面还没学好，今后还要在这方面多多努力。

要想获得丰富的知识，必须经过自己钻研和努力，没有现成的。只要踏踏实实地念书，就会有成绩，不要以为学问高不可攀，望而生畏，但也不能有不劳而获的侥幸思想。

不管别人介绍多少念书经验，指出多少门径，他总不能替你念，别人念了你还不会，别人介绍了好的经验，你自己不钻研、不下功夫，还是得不到什么。

而且别人的经验也不见得就适用于自己，过去的经验，也不一定就适用于今天，只能作为参考，主要还是靠自己的刻苦努力。

读书的时候，要做到脑勤、手勤、笔勤、多想、多翻、多写，遇见有心得或查找到什么资料时，就写下来，多动笔可以免得忘记，时间长了，就可以积累不少东西，有时把平日零碎心得和感想联系起来，就逐渐形成对某一问题的较系统的看法。收集的资料，到用的时候，就可以左右逢源，非常方便。

学习是不能间断的，更是不能停止的。要趁着年轻力强的时候，刻苦钻研，努力读书，机不可失，时不待人。

人生感悟

面对浩如烟海的书籍，我们常常感觉无处下目。《从目录学入手》告诉我们的正是在书海中行船的入门功夫。海里有无数滴水，我们不可能分清每一滴。那就让我们行驶在属于自己的航线上，领略大海的壮观吧！

边读边记——背诵读书法

傅雷是我国著名的翻译家，他一生博览群书。在古今中外的文学、绘画、音乐等各个领域都有广泛的阅读。

傅雷在教育两个儿子上，非常注重引导孩子读书。为了让孩子们深入地理解书中的内容，傅雷总是要求儿子们边读边记忆，然后背诵出来。

次子傅敏刚进入初中，傅雷就把他找来，给他一本《古文观止》，对他说："这个古文选本，上起东周，下迄明末，共辑文章220篇，能照顾到各种文章体裁和多方面的艺术风格。其中不少优秀文章反映了我国古代各家散文的不同风貌，如《战国策》记事的严谨简洁；纵横家说理的周到缜密；《庄子》想象的汪洋恣肆……无论它的说理、言情、写景、状物，均堪称典范，对你的古文学习和修养有帮助。"

傅雷要求傅敏认真地研读《古文观止》，每个星期天，傅雷都会选择其中一篇给傅敏详细讲解。傅敏理解后，傅雷便要求他背诵。

有一次，由于傅敏忙于球赛而未能背出《岳阳楼记》。他知道父亲肯定要责怪自己，心中很是不安。

但是，父亲却没有批评他，而是语重心长地对他说："过去，私塾先生要学生背书，子曰，诗云，即使不懂，也要鹦鹉学舌地跟着念和背。诚然，死记硬背不宜提倡。然而平心而论，似也有其道理。七八岁的孩子，记忆力正强，与其乱记些无甚大用的顺口溜，不如多背些古诗古文。中国的好诗文多得很。一首首一篇篇地储存在脑子里。日子长了，印象极深。待长大些，再细细咀嚼、体味，便悟出了其中意义。这叫反刍。若到了二三十岁，甚至更晚才开始背，怕也难记了。'少壮不努力，老大徒伤悲'，这都是经验之谈哪……"

傅敏低着头，低声对父亲说："父亲，我知道错了。"

傅雷望着已经知错的儿子，翻开《岳阳楼记》这一篇，让儿子高声朗读。然后，傅雷意味深长地说："范仲淹先生登岳阳楼，将览物之情归纳为悲喜二意，指出古之仁人忧多而乐少。然后说明自己之忧乐俱在天下，正见

第四篇 ◆ 读书的方法

他确实不以物喜,不以己悲之真意。还记得陈子昂的《登幽州台歌》么?"

"记得,前不见古人,后不见来者,念天地之悠悠,独怆然而涕下。'"傅敏回答。

傅雷点点头,说:"那么你想想看,为什么同样登高望远,同样登岳阳楼,所见之景是一样的,而他的想法与别人不同?他能写出'先天下之忧而忧,后天下之乐而乐'的抱负,和他的经历、思想有什么联系?全文是怎样一层展示它的中心的……"

通过父亲的提问和讲解,傅敏很快就理解了《岳阳楼记》的内容,接着。他就把《岳阳楼记》背了出来。

20多年后,傅敏再回忆起这件事,还是意犹未尽,他时刻记着父亲的那句话:"做学问需要切切实实地下功夫,不能自欺欺人呵!"

人生感悟

宋朝有个陈正之很喜欢看书,看书的速度又特别快。每次,他一看到一本书,就拿起来读,不用很长时间,他就看完了。别人都很羡慕他,以为他读了很多书。

虽然陈正之读了很多书,花费了很多时间和精力,但是,当人家问到书中的内容时,他往往答不上来,好像读的书一点都没有印象。于是他非常苦恼。

有一天,他遇到了当时著名的学者朱熹,就向朱熹请教。当朱熹听了他介绍自己读书过程后,对他说:"读书不要只图快,要用脑子想,用心记!以后读书,每次只读50个字,连续读它二三百遍。"

陈正之接受了朱熹的劝告,每读完一段,就想想这段文字讲了什么,有什么要点,并且留心把重要的内容记住。后来,陈正之终于成了一个有学识的人。

事实上,在读书的时候,不仅要理解书中的内容,还要把书中的精华记在脑子里,在你需要运用的时候能够马上取出来使用,这样,你的读书才真正发挥了作用。如果只读而不记,等真正需要这方面的知识时,你的脑子还是一片空白。这种读书实际上做的是无用功。

我国著名作家章衣萍说:"我幼时的记性很好,有时每篇书念50

遍就能背诵了。但我的祖父以为就是能背诵了也不够，一定要再念50遍或100遍。往往一篇书每日念到400遍。"

我国著名的建筑学家陈从周从小就喜欢读书，他在中学的时候熟读了唐宋八大家的诗文和同时期的小说、诗词等。

后来，陈从周对小时候的读书方法是这样总结的："我有现在的成就，很多是得益于中学语文教师的严格训练和教育。他们不但讲解得深入透彻，而且还要求把课文背熟。所以有些文章的精彩片段全留在我的肚子中了。考试时如果没有背的功夫，也不可能考出高分。"

我国历史学家韩国盘也认为勤学多背是读书的好方法。他说："从小学时，老师就要求学生把课文读得滚瓜烂熟，篇篇能够背诵。不但语文要背，算术公式也要背，自然、政治等主要内容还要背。这是在锻炼我们的记忆能力。良好的记忆力是成才的先决条件。背诵虽不大容易，但也不算什么难事。只要能经常坚持背诵，日子久了就养成习惯了。"

当然，背诵的时候不要死记硬背。

对你来说，大部分的课本内容都是需要记忆的。在课外阅读时，对于一些名著、经典作品、百科知识等实用类和理论性的内容，都需要边读边记，因为这些书对你的将来是有帮助的。明白了这个道理，你就应该在读书的时候有意识地去记忆，努力给自己的大脑充实一些知识，为自己的大脑"图书馆"增加新的"资料"。

吸取他人精华——讨论读书法

阿尔伯特·爱因斯坦是伟大的自然科学家和物理学家。他提出的相对论理论曾震动了整个物理学界，为世人所瞩目。

在读书方面，爱因斯坦的方法也非常具有特色。他喜欢与同学、朋友讨论自己学过的内容。

早在爱因斯坦上中学的时候，他就经常与两个青年朋友在一起学习和讨论各家哲学著作，谈论哲学和科学的各种问题。

进入大学后，爱因斯坦仍有这个习惯。在苏黎世工业大学读书时，他与马尔塞耳·格罗斯曼建立了真正的友谊，两人经常在一起学习，讨论学习中遇到的问题。

后来，马尔塞耳·格罗斯曼成为一所大学的数学教授和数学家，而爱因斯坦则主要研究物理学。但是，两人并没有放弃互相讨论的习惯。

在爱因斯坦创立广义相对论的时候，其中有许多涉及数学的问题，爱因斯坦自然地想到了马尔塞耳·格罗斯曼，通过与他进行深入的探讨，爱因斯坦最终确立了广义相对论。

人生感悟

古人云："听君一席言，胜读十年书。"互相讨论是一种很好的读书方法，他可以借助别人的理解帮助自己解决一些学习中的问题。

古今中外的大学者，往往是虚心求师问友的人。成功学创始人拿破仑·希尔在创立成功学之前，曾经走访了全国500多位各行各业的成功人士，与他们交流，向他们学习成功经验，最终创立了成功学，风靡全球。

英国科学家卡罗尔在《科学漫步》中谈到："如果可能，找个和你一起读书的好友，和他一起讨论书中疑难之处。讨论常是潜移默化地解决难题的最佳方法。"

当然，讨论的前提是要认真阅读书籍，对书籍中的内容有自己的观点，或者提出自己的疑问。

一般来说，阅读一本书的时候，要先浏览书的前言、后记、序等总述性的部分，然后认真地阅读目录，以便全面而概括地了解全书的结构、内容、要点和脉络等。通过一一总结，对于所要阅读的书籍已经有了一个总体的印象。

然后再认真地阅读正文，努力理解正文的意思。最后，要回过头来再仔细地阅读目录和全书的内容，并加以思考、综合，弄清其内在联系，以深化对书中内容的理解，进一步领会第一次阅读时没有领会的内容。

如果对于某个问题特别疑惑，可以找出相关的书籍或参考书、工具书来解决；实在不行，则只有找同学、父母和老师来讨论，从而解决心中的疑惑。

要与他人讨论的时候，一定要抱着虚心求知的态度，不要自以为是，也不要瞧不起其他人，每个人都有自己独到的一面，要学会认真听取他人的意见，吸取他人的精华。

要与他人讨论的时候，一定要抱着虚心求知的态度，不要自以为是，也不要瞧不起其他人，每个人都有自己独到的一面，要学会认真听取他人的意见，吸取他人的精华。

在讨论的时候，可以就某个问题讨论，也可以就自己对本书的理解和想法进行讨论，甚至是作者的写作思路、人物性格等与书中有关的内容都可以讨论。

但是，讨论的时候一定要注意畅所欲言，甚至展开争论。

英国哲学家培根说："讨论犹如砺石，思想好比锋刃，两相砥砺会使思想锐利。"因此，当自己的想法与他人不一样的时候，要敢于说出来，在观点上的争论是正常的，但是注意不要攻击他人人格等，以免造成不愉快。

在讨论不同类型的文章时，我们要抓住各种文体的写作特点，尽量按照这个特点去评述。对于小说，我们可以更多地注重情节和故事发展的线索，尽量清楚地说明人物的经历。议论文，就一定要理解作者的观点和论据，让自己有说服力；对于散文，我们就要用感情去体会文章中描写的景物，声情并茂地再现它。这样，经过一段时间，你就会发现不知不觉中，自己竟然也提高了写作能力。

心到，眼到和口到——三到读书法

伟大的革命导师列宁在读书的时候，速度特别快，理解也特别深刻。这让许多人无法理解。

有一次，一位老布尔什维克见列宁捧着一本很厚的外文书在快速翻阅，就问他要记住一首诗需要读多少遍。列宁回答道："只要认真读两遍就可以了。"

为什么列宁读书会有这么高的效果，这是因为列宁在读书的时候非常专心致志。他读书的时候，总是把自己完全融入到书中，外界的干扰对他来说好像不存在一样。

有一次，列宁的几个姐妹们见他正在房间里认真地读书，就想捉弄他一下。于是，大家用6把椅子在列宁身后搭了一个不稳定的三角塔，只要列宁一动，塔就会倒塌。

结果，正在专心读书的列宁根本没有察觉姐妹们的恶作剧，仍然专心地读书。半小时后，列宁读完了一个章节，他抬起头，这时，椅子搭起的木塔才轰然倒塌！

人生感悟

你是不是有这样的情况：有时候，自己的眼睛明明盯在书本上，但是，脑子里却想着其他的事情；有时候，明明自己读了几页后，却根本不知道自己刚才读了什么内容……

这说明你在读书的时候注意力没有集中，读书一定要钻到书里才能够真正学到书中的内容。否则，读再多的书，在你想要使用的时候，这些知识都会无影无踪的。

古时候有一名学者叫陆澄，他从小好学，相当刻苦，每天读书到深夜，不论吃饭行走，手中都有一本书。可他读了3年《易经》，背得滚瓜烂熟，却不明白书中的道理。等他自己想写一本书的时候，发现自己无从下笔。所以这本书他一辈子也没有完成。当时另一位学者讽刺他为"书橱"。意思就是，表面上看他拥有了很多知识，但是到应用的时候才发现一无所有。

由此可见，读书的时候不能仅仅读过就行，还要掌握这些知识，能够使用这些知识。

我国宋代理学家朱熹一生勤奋好学，他提出读书要三到，即心到、眼到和口到。他说："读书有三到：心到、眼到、口到。心不在此，则眼看不仔细。一眼既不专一，却只漫浪诵读，决不能记，记亦不能久也。三到之中，心到最急。心既到矣，眼、口有不到者乎？"

心到指的是读书要多用心，在读的时候要多问几个为什么，这样才能对书中的内容有深刻的理解。

眼到是指在看书的时候，一定要认认真真地用眼睛去看文字，同时要对各种相关信息也仔细阅读，这样才能准备地获取自己需要的内容。

口到则是指朗读和背诵，对于自己阅读的书籍和资料，一定要养成朗读的习惯，这样就可以真切地感到文字的音韵和意境美。

美国科学家富兰克林在青年时代非常喜欢读书，他在读书的时候，总是把自己需要的内容摘录下来，然后再逐字逐句地背诵。等自己背熟后，他就模仿原文的风格进行写作。然后再把自己写的内容与原文进行比较，发现自己的缺点及时改正过来。正是因为他在读书的时候做到心到、眼到和口到，读过的内容他都掌握得非常牢固。

古往今来，很多有成就的人，他们之所以能从书本上获取知识、取得成就，都离不开思考。爱因斯坦说："学习知识要善于思考、思考、再思考，我就是靠这个方法成为科学家的。"

张之洞在《书目答问》中有一句很重要的话，他说："读书不知要领，劳而无功。"一本书，什么地方重要，什么地方不重要，你看不出来，那就白念了。

因此，你在读书的时候一定要认真地读，要用心读。

写作百宝囊——纸条读书法

杰克·伦敦是美国著名的作家。杰克·伦敦有一个特殊的爱好，喜欢到处贴纸条。

每一个到过杰克·伦敦家的人都会被他家里的奇特景象所吸引：杰克·伦敦家到处都贴满了各种各样的小纸条，墙壁上、窗户上、书架上、柜子上、书桌上、床头上、甚至镜子上都有。这到底是怎么回事呢？这些小纸条里到底有什么内容呢？每一个到他家的人都觉得非常奇怪。

实际上，这些小纸条正是杰克·伦敦的百宝囊。

杰克·伦敦在读书的时候，喜欢记录各种各样他喜欢的句子和素材，包括有意思的词汇，生动的句子，他所要用到的资料甚至整段的文章。为了让自己能够及时看到这些精彩的内容，杰克·伦敦把它们记录在小纸条上，然后再贴在自己看得到的地方，这样，上面这奇怪的一幕就出现了。

杰克·伦敦的这种做法正是为了节约时间，让这些内容牢牢地记在自己的脑海中。

每天早上，他一边穿衣，一边读着墙壁上的纸条；刮胡子的时候，他就看贴在镜子上的纸条；起来望远的时候，他还不忘看看窗户上的纸条；晚上睡觉前，更是要默念着贴在床头的纸条。外出的时候，杰克·伦敦就把小纸条装在衣袋里，随时拿出来读一读、记一记。就这样，他的头脑中积累了很多精美的词汇、生动的句子以及创作的资料，他只要灵活运用，这些小纸条就会变成他手下精美的文章。因此，杰克·伦敦写出了许多著作。

人生感悟

著名作家姚雪垠说："读书就要重视积累，做卡片就是积累知识的主要方法。"

他说："我看了大量的书，摘录了许多卡片。做卡片既是读书的一个方法，也是研究学问、搞创作的一个重要方法。"

在写作《李自成》一书的时候，姚雪垠为了收集李自成的史料，阅读了大量的书籍，查阅了大量的资料，记录的关于李自成的资料有两万多张。这些卡片都用小楷抄写得工工整整，非常珍贵，成了姚雪垠的百宝囊。你有自己的百宝囊吗？读书的时候要注意收集对自己有用的资料，把它们记录下来，为了便于整理，你可以记录在小卡片上。因为小卡片非常灵活，摘录完后可以根据自己的需要进行归类。你也可以到文具店购买一些精美的小卡片。

实际上，纸条读书法就是摘录笔记法。所不同的，摘录可以大段摘录，也可以摘录句子、词语等，而纸条摘录主要是摘录书中一些精彩的语句和字词。这些摘录实际上也是你对书中内容的感悟，帮助你在不断的阅读中理解其中的含义。

在卡片上摘录的时候，最好先记下摘录文章题目、类别、作者、选自哪里、什么出版社或第几期等。一张卡片一般摘录一类内容，在摘录的时候，要原文摘录，不要断章取义，也不要改动原文的字句和标点。

等你摘录的卡片累积到一定量的时候，应该把这些卡片分门别类，比如格言警句、人生感悟、景物描写等。这样，你在读书过程中学到的内容就完全体现出来了。

我国著名作家、《李自成》的作者姚雪垠说:"做卡片是个长期而艰苦的工作,想几天或几个月就见成效是不可能的。而且做卡片必须自己动手摘抄,让别人代做或抄别人现成的东西,那效果都不好。"

读书一定要理解——理解读书法

有一次,列宁去一个远离莫斯科的城市视察工作。在火车上,列宁带了好几本厚厚的书,并专心致志地看着。这时,坐在列宁对面的一位同志问道:

"这么多书,您看完之后记得住吗?"

列宁说:"当然可以记住,不相信您可以提问。"

列宁把书递给了对面的同志。那人真的拿起书来向列宁提问。结果,列宁居然全部答对了。

"简直是超人的记忆力啊!"那位同志敬佩地夸奖起来。

没想到列宁笑呵呵地说:"也没什么。这种阅读已经习惯了,学习总要抽空才行的嘛。要想记住,首先要理解,理解的东西,才能记住,记住才能会用啊。"

人生感悟

曾经有两位哲学讲师作过这样的比较,他们背诵了席勒的诗和洛克的哲学论文,结果对于抽象的哲学论文的记忆效果反而比诗歌的记忆效果要好得多。原因就是他们是哲学讲师,对洛克的哲学论文有较好的理解。可见,读书一定要理解才行。

伟大的科学家爱因斯坦小时候就读的德国学校盛行死记硬背的读书方法,爱因斯坦非常厌恶,他不喜欢这种机械的读书方式,他喜欢采用深入理解的方法来读书,喜欢"自由行为和自我负责的教育"。

在进入大学后,爱因斯坦更是坚持"深入理解"的读书方法,他从来不记那些所谓的知识点,而是通过对它们的理解把它们融入自己的脑

海中。他在回忆自己的学习方法时曾经说："热衷于深入理解，但很少去背诵。"

理解的关键是思考、分析。对于书中的内容一定要边读边思考，如果遇到一些不太明白的地方，及时查找参考书，解决疑惑的地方，进而加深理解效果。比如，你在读杜甫诗集的时候，可以找来杜甫的传记、其他人对杜甫的描写和评语、其他背景材料等，这样可以帮助你理解诗中的境界，让你更好地理解所学的内容。

读书，不尽信书——批判读书法

顾颉刚是我国现代著名史学家。他是一个敢于质疑，习惯批判的人。

他曾经说过："我是一个桀骜不驯的人，不肯随便听信他人的话，受他人的管束。质疑就是要提出问题，大胆地怀疑书上的某些观点和结论，不管你是名人也好，名著也好，我都敢于以批评的眼光去读。"

1927年2月，他在厦门为青年们作了一次演讲，演讲的题目就是《怎样读书》。

他在演讲中说："我们的读书，是要借了书本上的记载寻出一条求知识的路，并不是要请书本子管我们的思想。所以读书的时候，要随处生疑。换句话说，就是读书的时候要随处会用自己的思想去批评它。我们只要敢于批评，就可以分出它哪一句话是对的，哪一句话是错的，哪一句话是可以留待商量的。这些意思就可以写在书端上，或者写在笔记簿上。逢到什么疑惑的地方，就替它查一查。心中想起什么问题，就自己研究一下。这样的不怕动手，肯写肯翻，便可培养自己的创作力。几年之后，对于一门学问自然就有驾驭运用的才干了。"

实现中，顾先生告诉青年们读书要"学则须疑"，因为"尽信书，不如无书"。他认为，读书要善于批判，其实就是要运用自己的判断力。因为，"只要有了判断力，书本就是给我们使用的一种东西了。"

别林斯基是俄国革命民主主义者、文学批评家和哲学家。

在别林斯基的一生中，编辑是他的唯一职业，他通过文艺批评的方式进行各种革命活动。《文学的遐想》、《给果戈理的信》等都是他的著名作品。

作为一名批判家，别林斯基认为："不管一本书如何荒唐，不管一本杂志如何愚蠢，但是如果它们属于现在已不存在的理念和理想的范围，如果它们能够重新激起已经冷漠的兴趣，那么，这本书或杂志在读者眼中就获得了可能在它们的同时代人眼中所没有的价值。"

是的，"尽信书，不如无书"，如果你在阅读的时候，全盘接受书中的思想，而没有自己的想法，还不如不读书。

古典文学专家牟世金认为，读书的时候，不能够一味地相信书中的内容，他说："如果把所有的书籍都当作忠实可靠的朋友，势必会吃亏上当。"

何其芳曾经说过这样一件事："有相当长一个时期，我对拜伦没有好感。其实我并没有好好念过他的诗，而却有了成见，你说怪不怪呢？这完全是法国的有名的传记作家兼资本家安德烈·莫洛亚的《拜伦传》害了我的。莫洛亚先生的文章是蛮轻松的，我读了他的雪莱传（即《爱俪传》），就又去找他的《拜伦传》来读。那已经是一九三四年左右的事情了。现在还大约记得的，是他写拜伦与其异母姐姐有恋爱关系，同居关系；而且他不断地和这个女的好又接着和那个女的好；在意大利时，他过着很奢侈的生活，他一出游后面就跟着载鳄鱼、猎犬、女人的车子。总之把他写得很荒淫的样子。过去关于拜伦的一点知识抵抗不了这种影响，于是在我脑子里他就变成了一个单纯的'堂·璜'了。"

"一直到抗战以后，读了勃兰兑斯的《十九世纪文学之主潮》中讲拜伦的那一章，我脑子里的拜伦才变成了另外一个人；才活生生地感到他是一个为自由与民主而战的猛士，一个狂暴地震动了英国当时的统治阶层，因而受到压制、迫害与诽谤的反叛者。而这正是他成为大诗人的主要原因。"

"爱伦堡有一篇文章，其中说到莫洛亚是个工厂的老板，而他开舞会介绍他的小姐到社交界之奢华铺张，光怪陆离，刚好说明他自己正是一个荒淫者。他之所以讨厌拜伦，并把拜伦写成一个讨厌的人物，岂不是就很容易理解了？"

可见，尽信书，往往会被书所误导。因此，牟世金说："把书视为敌人才能洞察其虚实，辨别其真伪，识其精华，而补其不足，攻而破之，做得出学问来。"

谈到如何对待读书，牟世金说："读书，要是张开一个大口袋，日复一日地往里装，读点什么就装进去，勤则勤矣，但装满了口袋，却依然故我，虽多无益。因为没能做到学以致用。读书要像对待敌人一样，都会有所发现，有所收获。"

确实如此，书本并不全是正确的，当你在阅读的时候，一定要持着怀疑的态度去评估作者的思想和观点，站在客观正公的立场，合理的评价作品的优势，也就是说，一定要带着批判的眼光，不能"来者不拒，照单全收"。

要学会批判思维，首先要学会质疑。古人云"学起于思，思源于疑"。如果没有疑问，必然就不会有批判的眼光。在阅读的时候，一定要不断地阅读书中的重点和难点，并自己给自己提出问题去理解重点和难点，如果遇到自己无法回答的问题，一定要通过查资料、问师长等方式去解决，在这个过程中，你就深刻理解本书的主题，进而会发现书中存在的不合理的观点等。

我国年轻的地质学家陈国达在读德国地质学家李希霍芬的著作《中国》时并没有因为李希霍芬是传统地质学派中对中国影响最大的权威之一，也并没有因为《中国》是一部被公认为研究中国岸线正统理论著作而放弃质疑。他大胆地提出了一系列的质疑，向李希霍芬提出了挑战。当时，陈国达受到了来自各方面的压力和打击，但是，陈国达始终坚守不渝地坚持自己的观点，最终建立起了一个系统完整的地壳构造演化新理论——"地注学说"。

人生感悟

正如阿伯拉尔所说："由于怀疑，我们就验证；由于验证，我们就获得真理。"对书本产生质疑后，一定要把自己质疑的问题带到实践上去验证，从实践中得出判断。

沉浸于读书中——闹中求静法

艾思奇是马克思主义哲学家。

他是个非常喜欢读书的人，读书的时候总是全身心沉浸在书籍当中，完全不知道周围发生了什么事。

他在《读书生活》杂志社工作时，由于工作负担非常重。家里人怕他累坏了，就借来一架留声机放在他的办公桌上，希望他能听听美妙的音乐，在音乐声中松弛一下绷得太紧的神经。但是，艾思奇读书的时候根本就听不到音乐声，不管音乐声有多大，他还是埋头读书、工作。

正是这种闹中求静的方法使艾思奇在嘈杂的环境中完全沉浸于读书当中，因此，无论在什么地方，无论在什么时候，只要他想读书的时候，他都能够静下心来读书，这样，他读的书自然比别人多，也能够取得更大的成就。

你肯定希望在读书的时候能够安安静静的，所有的人都不要来吵你，但是，这种情况往往是很少的。

在家里，父母们往往能够理解我们读书的需要，保持家里的安静。但是，一旦我们走出家门，比如在学校、在公园等公共场合，当我们想要读书的时候，别人是不太可能像父母那样保持安静让我们认真读书的。这就要求我们能够训练自己，使自己能够在嘈杂的环境中沉浸于读书当中。

怎样才能让自己在嘈杂的环境中沉浸于读书当中呢？

艾思奇这种闹中求静的读书法并不是生有就这样的，他从小就注意训练自己抛开周围的事情，认真读书。他在昆明市一中上学时，就常常故意到乱哄哄的街市边上或操场上去读书。这样，一次一次下来，艾思奇居然能够对周围的事物视而不见，听而不闻。

后来，他到日本求学，课余时间，其他同学喜欢聊天、唱歌、跳舞，只有艾思奇一个人坐在墙角，埋头看书。同学们认为艾思奇在这种吵闹的环境中是看不进书的，有个同学还特意抢过艾思奇看的书，问道："刚才你看的是第几页，什么内容？"没想到，艾思奇居然能够对答如流。同学们个个佩服得五体投地。

毛泽东也非常重视锻炼自己在吵闹环境中读书的耐力。在青少年时代，每天天刚蒙蒙亮，毛泽东就拿着一本书到菜市场边上去读书。一段时间下来，不管菜市场里的人怎么吆喝，怎么讨价还价，毛泽东还是能够集中注意力看他的书。这种读书方法使毛泽东在接下来行军打仗的时候都能够随时看书。

人生感悟

高度集中注意力其实是需要训练的。你可以在节假日拿一份报纸、杂志或者小说等，到公园、社区等公共环境当中去看，一可以呼吸新鲜空气，二可以训练自己的注意力，一段时间后，你的注意力也会提高的。

带着目标去读书——目标读书法

爱迪生是美国著名的发明家，一生的发明极多，在专利局登记过的就有1328项，几乎每半个月就有一项发明。

在众人眼中，爱迪生是名副其实的天才，但是，爱迪生却这样评价自己："所谓天才那是假话，艰苦的工作才是实在的。天才就是百分之一的灵感，加上百分之九个九的汗水。"

爱迪生的话一点不假，他在多年的学习实践中，非常注重读书。在读书时，他总是带着目标去读书。

对于自己的阅读，爱迪生有着明确的目标。他总是计划好自己需要阅读什么书，然后坚持去读书。不管工作或实验多忙，爱迪生每天总要抽出时间阅读两三本书。

爱迪生非常善于寻找规律．他能够在短时间内掌握阅读的内容。

每当爱迪生需要进行一个实验的时候，他总是要参考许多理论上的资料。这时候，不管理论上有多大的困难，爱迪生总能想方设法找到他所需要的资料，一本一本地研读，然后一次一次地用实验去验证。

有一次，他在研究打字机的一个部件时遇到了困难，于是，他就把与打字机相关的书籍全部找来，一本一本加以研读，不仅解决了问题，而且掌握了打字机的原理和修理方法。

在发明电灯的日子里，他就常常把自己泡在图书馆里，查找各种图书、杂志上关于电灯的文章，并认真研读，还根据自己的需要摘抄了一些重要的内容。

正是这种目标读书法，使爱迪生在有效的时间内获取了他最需要的知识，使他在短短的有生之年拥有无数发明。

无论阅读什么，你都应该有一个目的，这个目的将决定你采用什么样的态度去读它，以及你将采用什么样的阅读方式。如果没有阅读的目的，只是漫无边际地看书，你会发现，阅读的效率非常差。只有当你有个明确的目标，带着这个目标去读书的时候，你才会有更大的收获。

爱迪生在年轻的时候，曾经走过一段弯路。当时，爱迪生每次进入图书馆就拿起书架上的书一本一本的读。一段时间下来，尽管他读的书很多，却没有什么收获。

有一次，爱迪生正在图书馆专心致志地看书，有位绅士惊奇地问他："我常常在这里遇到你，请问你读过多少书了？"

爱迪生自豪地回答道："我已经读了十五英尺高的书了。"

"啊，十五英尺，真是值得佩服。请问你是按照什么目的去读书的？我发现你昨天读的书与今天读的书完全不一样呀！"

"啊，我的目的就是按照秩序读的，我下了决心，要读完这个图书馆所有的藏书。"爱迪生回答。

"啊，原来是这样，你这种热爱读书的精神非常让人崇敬！但是，你这种读书法的收获不会很大。一般来说，读书最好有一定的目的，根据这个目的去选择书籍，你就可以循序渐进了！"

这时，爱迪生才发现自己读的书都是书架上一本一本挨着的书，并没有一个主题，而自己也没有自己的读书目的，只是想多读点书。结果才会读书后感觉没有什么收获。经过这位绅士的指点，爱迪生分析了自己的爱好与特长，将目标集中于电学，这样，爱迪生读书就非常有效率了。

美国著名学者诺·波特说："谈到读书，首先应该明确目的。对读书的目的认识得越清楚，读书的信心就越坚定而持久。"

《红楼梦》中有个丫鬟叫香菱，她见大观园里的众姑娘个个出口成"诗"，也想学习写诗。但是，她的主子薛宝钗说她"得陇望蜀"，不愿教她。于是，她拜林黛玉为师。林黛玉说："你真要学诗，首先读一百首王维的五言诗，再读一二百首杜甫的七言律，一二百首李白的七言绝句。肚子里先有了这三个人作底子，然后再把陶渊明一些人的诗看一看，不用一年功夫，不愁不是诗翁了。"听了林黛玉的话，香菱便一首一首地读起来，等她认真读完这些诗后，便请林黛玉为她出题。林黛玉出题"咏月"，结果香菱便苦思冥想，终于想出八句："精华欲掩料应难，影自娟娟魄自寒。一片砧敲千里白，半轮鸡唱五更残。绿蓑江上秋闻笛，红袖楼头夜倚栏。博得嫦娥应借问，缘何不使永团圆。"经过不断的修改，大观园里的众姑娘都觉得"新巧有意趣"，获得了一致的好评。

由此可见，当香菱带着学习写诗的目的去读各种诗时，她就努力去理解各种诗的写作手法，结果，真的学会了写诗。

许多专家认为，读书的目标主要有六个：

一是为了掌握某种观点；

二是为了寻找某些细节；

三是为了解答某个特定的问题；

四是为了评估自己正在阅读的书籍；

五是为了应用阅读的资料；

六是为了娱乐。

实际上，除了娱乐外，不管是哪种目标，只要你有明确的目标，你就会用自己特定的方法去理解书中的内容，读书的效果相对就会好一些。这也是为什么老师总是在我们阅读前给我们提出一些问题的原因。

人生感悟

著名文学家郭沫若曾经说过："读书的方法大体上要看自己是为了什么目的，有为学习而读书，有为研究而读书，有为创作而读书，有为教育而读书。假如目的不同，方法上也就不免有些小异。"

因此，当你在阅读一本书的时候，先要给自己设定明确的目标，甚至可以把目标细化，给自己提出一些细节的问题，然后带着这些问题去读书。当然，只要你确定了阅读的目标，就一定要带着这些目标去读，否则就是纸上谈兵了，根本无法收获你想要的结果。

第五篇

名人谈读书

读《伊索寓言》

比我们年轻的人，大概可以分作两类：第一种是和我们年龄相差得极多的小辈，我们能够容忍这种人，并且会因喜欢而给以保护；我们可以对他们卖老，我们的年长只增添了我们的尊严；还有一种是比我们年轻得不多的后生，这种人只会惹我们的厌恨以至于嫉妒，他们已失掉尊敬长者的观念，而我们的年龄又不够引起他们对老弱者的怜悯。我们非但不能卖老，还要赶着他们学少，我们的年长反使我们吃亏。这两种态度是到处看得见的，譬如一个近三十的女人，对于十八九岁女孩子的相貌，还肯说好，对于二十三四的少女们，就批判得不留情面了，所以小孩子总能讨大人的喜欢，而大孩子跟小孩子之间就免不了时常冲突。一切人事上的关系，只要牵涉到年辈资格先后的，全证明了这个分析的正确。

把整个历史来看，古代相当于人类的小孩子时期。先前是幼稚的，经过几千百年的长进，慢慢地到了现代。时代愈古，愈在前，它的历史愈短；时代愈在后，它积的阅历愈深，年龄愈多；所以我们反是我们祖父的老辈，上古三代反不如现代的悠久古老。这样，我们的信而好古的态度，便发生了新意义。我们思慕古代不一定是尊敬祖先，也许只是喜欢小孩子，并非为敬老，也许是卖老。没有老头子肯承认自己是衰朽顽固的，所以我们也相信现代一切，在价值上、品格上都比古代进步。

这些感想是偶尔翻看《伊索寓言》引起的。是的，《伊索寓言》大可看得。它至少给予我们三重安慰：第一，这是一本古代的书，读了可以增进我们对于现代文明的骄傲；第二，它是一本小孩子读物，看了愈觉得我们是成人了，已超出那些幼稚的见解；第三呢，这部书差不多都是讲禽兽的，从禽兽变到人，你看这中间需要多少进化历程！我们看到这许多蝙蝠、狐狸等的举动言论，大有发迹后访穷朋友、衣锦还故乡的感觉。但是穷朋友要我们帮助，小孩子该我们教导，所以我们看了《伊索寓言》，也觉得有好多浅薄的见解，非加以纠正不可。

例如蝙蝠的故事：蝙蝠碰见鸟就充作鸟，碰见兽就充作兽。人比蝙蝠就聪明多了。他会把蝙蝠的方法反过来施用：在鸟类里偏要充兽，表示脚踏实地；在兽类里偏要充鸟，表示高超出世；向武人卖弄风雅，向文人装做英雄；在上流社会里他是又穷又硬的平民，到了平民中间，他又是屈尊下顾的文化分子：这当然不是蝙蝠，这只是——人。

蚂蚁和促织的故事：一到冬天，蚂蚁把在冬天的米粒出晒；促织饿得半死，向蚂蚁借粮，蚂蚁说："在夏天唱歌作乐的是你，到现在挨饿，活该！"这故事应该还有下文。据柏拉图《对话篇·菲得洛斯》说，促织进化，变成诗人。照此推论，坐看着诗人穷饿、不肯借钱的人，前身无疑是蚂蚁了。促织饿死了，本身就作蚂蚁的粮食；同样，生前养不活自己的大作家，到了死后偏有一大批人靠他生活，譬如，写回忆、怀念文字的亲戚和朋友，写研究论文的批评家和学者。

狗和它自己影子的故事：狗衔肉过桥，看见水里的影子，以为是另一只狗也衔着肉，因而放弃了嘴里的肉，跟影子打架，要抢影子衔的肉，结果把嘴里的肉都丢了。这篇寓言的本意是戒贪的，但是我们现在可以应用到旁的方面。据说每个人需要一面镜子，可以常常自照，知道自己是个什么东西。不过，能自知的人根本不用照镜子；不自知的东西，照了镜子也没有用——譬如这只衔肉的狗，照镜以后，反害它大叫大闹，空把自己的影子，当做攻击狂吠的对象，可见有些东西最好不要对镜自照。

天文家的故事：天文家仰面看星象，失足掉在井里，大叫"救命"。他的邻居听见了，叹气说："谁叫他只望着高处，不管地下呢！"只向高处看，不顾脚下的结果，有时是下井，有时是下野或者下台。不过，下去以后，绝不说是不小心掉下去的，只说有意去做下属的调查和工作。譬如这位天文家就有很好的借口：坐井观天。真的，我们就是下去以后，眼睛还是向上看的。

乌鸦的故事：上帝要拣最美丽的鸟做禽类的王，乌鸦把孔雀的长毛披在身上，插在尾巴上，到上帝前面去应选，果然为上帝挑中；其他鸟类大怒，把它插上的毛羽都扯下来，依然现出乌鸦的本相。这就是说：披着长头发的，未必就真是艺术家；反过来说，秃顶无发的人当然未必是学者或思想家，寸草也不生的头脑，你想还会产生什么旁的东西？这个寓言也不就此结束，这只乌鸦借来的羽毛全给人家拔去，现了原形，恼羞成怒，提议索性大家把自己天生的毛羽也拔个干净，到那时候，大家光着身子，看真正的孔雀、天鹅等跟乌鸦有何分别。这个遮羞的方法至少人类是常用的。

牛跟蛙的故事：母蛙鼓足了气，问小蛙道："牛有我这样大吗？"小蛙答说："请你不要涨了，当心肚子爆裂！"这母蛙真是笨坯！它不该跟牛比伟大的，它应该跟牛比娇小。所以，我们每一种缺陷都有补偿，吝啬说是经济，愚蠢说是诚实，卑鄙说是灵活，无才便说是德。因此世界上没有自认为一无可爱的女人，没有自认为百不如人的男子。这样，彼此各得其所，当然会相安无事。

老婆子和母鸡的故事：老婆子养只母鸡，每天下一个蛋。老婆子贪心不足，希望它一天下两个蛋，加倍喂它。从此鸡愈吃愈肥，不下蛋了——所以戒之在贪。伊索错了！他该说，大胖子往往是小心眼儿。

狐狸和葡萄的故事：狐狸看见藤上一颗颗已熟的葡萄，用尽方法，弄不到嘴只好放弃，安慰自己说，"这葡萄也许还是酸的，不吃也罢！"就是吃到了，它还要说："这葡萄果然是酸的。"假如它是一只不易满足的狐狸，这句话它对自己说，因为现实终"不够理想"。假如它是一只很感满意的狐狸，这句话它对旁人说，因为诉苦经可以免得旁人来分甜头。

驴子跟狼的故事：驴子见狼，假装腿上受伤，对狼说："脚上有刺，请你拔去了，免得你吃我时舌头被刺。"狼信以为真，专心寻刺，被驴子踢伤逃去，因此叹气说："天派我做送命的屠夫的，何苦做治病的医生呢！"这当然幼稚得可笑，它不知道医生也是屠夫的一种。

这几个例可以证明《伊索寓言》是不宜做现代儿童读物的。卢梭在《爱弥儿》卷二里反对小孩子读寓言，认为有坏心术，举狐狸骗乌鸦嘴里的肉一则为例，说小孩子看了，不会跟被骗的乌鸦同情，反会羡慕善骗的狐狸。要是真这样，不就证明小孩子的居心本来欠好吗？小孩子该不该读寓言，全看我们成年人在造成什么一个世界、什么一个社会，给小孩子长大了来过活。卢梭认为寓言会把淳朴的小孩教得复杂了，失去了天真，所以要不得。我认为寓言要不得，因为它把淳朴的小孩教得愈简单了，愈幼稚了，以为人事里是非的分别、善恶的果报，也像在禽兽中间一样的公平清楚，长大了就处处碰壁上当。缘故是，卢梭是原始主义者，主张复古；而我呢，是相信进步的人——虽然并不像寓言里所说的苍蝇，坐在车轮的轴心上，嗡嗡地叫道："车子的前进，都是我的力量。"

人生感悟

站在不同的角度看待同一件事情，往往会得到截然不同的结论。钱钟书先生对《伊索寓言》的解释别致而深刻。就是因为他站在了一个与众不同的角度上。我们阅读时，也不妨调整一下角度，试看公些不同的解释，也许一本书就会变成多本书。

喜欢苏东坡

好多年前，大约我还是一个初中生，有一年学校组织学农劳动，这是我们那个时候的中学生必不可少的课程，我们就去了黄州。在劳动间隙中，语文老师建议我们去40里外的东坡赤壁去看看，然后稍稍为我们介绍了一下苏东坡。那时我们虽已上中学，可当时的教科书里并没有古代诗文，所以我们中大部分人都并不知道苏东坡其人其事。我因父亲同我讲过苏小妹的故事，总算也还知道苏小妹的哥哥就是叫的这个名字。

当时的黄州赤壁远没有现在这样花团锦簇，就好像是一个废墟，一片荒凉。浩浩长江从醉仙亭下流过（我前两年去时，在东坡赤壁已看不见长江了，醉仙亭下是一个人工小湖），语文老师在"二赋堂"前为我们讲解前后赤壁赋；在《念奴娇·赤壁怀古》的碑文前为我们朗诵"大江东去，浪淘尽，千古风流人物……"老师讲得很有激情，大约也是压抑了许久，这给一直阅读"文化大革命"散文的我带来了很大的震惊。

劳动结束一回家，便从父亲那里要了关于苏东坡的诗文一一读来。从此也算是对中国古代的一个诗人略有所知了。因为有了这样一层原因，每读苏子诗文就觉得比别的诗人更为亲切，亲切得就仿佛是自己老早认识的一个熟人。而当自己的书读得更深一点儿的时候，当自己对中国文化了解得更多一点儿的时候，当自己的阅历也更丰富一些的时候，就愈发觉得自己少年时认识的苏东坡尤其地让我喜欢，也愈发觉得天下文人再没有比苏东坡更伟大更潇洒更可爱的了，无论为文还是为人。

中华几千年的文明史中，名垂青史的文人多如牛毛，被后人格外喜欢的诗人亦不计其数。但往往诗文作得好的，可人并不可爱；人品相当不错的，诗文却不过尔尔。而像苏东坡这样诗文书画和人品道德都趋于完美都富于魅力者实在也是凤毛麟角。所以，我总觉得自从有了苏东坡后，除去李白之外的其他中国文人都在他的光照对比下显得黯然失色。

喜欢苏东坡当然最先是由他的诗文开始。对于苏子诗文，用什么样的溢美之词都不觉得有过。在中国，如若游历名山名水，如若中秋月下饮酒，人们往往会情不自禁地提到苏东坡，仿佛离了苏东坡，山、水、月、酒都会大为逊色。历史上最具文化意义的山是庐山，将庐山写得最有意味的诗人是苏东坡（"不识庐山真面目，只缘身在此山中"）；最具文化意义的水是西湖，将西湖写得最为传神的诗人也是苏东坡（"若将西湖比西子，淡妆浓抹总相宜"）；而中秋，自有了苏东坡大醉而作的"明月几时有？把酒问青天"后，其他便都"余词尽废"。无论苏东坡是在思亲，或在怀旧；无论他自品孤傲，或自作潇洒；无论他心情畅快，或心情苦闷……总而言之，但凡他有所作，其作品都几乎可列入同类作品"之最"。当年神宗陛下每逢"举箸不食"时，人们就知道他必是在读苏东坡的文章；学者章元弼家有美妻，可因太爱苏子诗文，每日读之不肯放手，其妻难以忍受，章便为苏而休了妻。一个人的才华到了这种地步，实在是让人除却佩服和仰慕，再无话说。

苏东坡之让无数的后人崇敬和偏爱，除了他的才华盖世，还因为他的既智慧又仁厚、既旷达又幽默、既儒雅又豪放、既富于正义又富于情感的天性所致。他的性格色彩层次丰富，太具魅力，人们不由自主地为他倾倒。他的人生经历也算是够坎坷的了，因为太才华出众而一生受小人陷害：坐牢于京城，遭贬于黄州，浪迹于天涯，最后还上了个"元祐党人碑"，累及子女。观其一生，其实他并没有过多少太平宁静的日子，然而他也并没有因了这些而整日里蓬头垢面哀哀切切，见人便"痛诉革命家史"。困惑虽有过，烦恼也有过，但这些到底也还是如同烟云从他悟性非凡的心里只作穿行而从不停滞。他依然我行我素地热爱着生活，乐观着人生，使他的天才横溢一生：他一戏墨，就创立了中国文人画；他一写字，就有着惊世的书法流芳千年；他一好吃，就传出"东坡肉""东坡饼"诸类佳肴；他一穿戴，就使"东坡帽"、"东坡屐"民间长存；他一说笑，就让和尚成为名僧……如此等等，仿佛只要苏东坡稍一动弹，就会留下一道浓重的文化色彩。一个人能活到如此地步，那该是件多么有趣的事。中国的文化倘若将苏东坡连根须带枝蔓地挖取出来，我相信整个中国文化史都会因之而失重。正是有了苏东坡的存在，有了他的生活态度和人生精神的存在，才让我们后人真正见识到什么叫做天才诗人，什么叫做大家气度。

我喜欢苏东坡有些入迷，甚至听不得别人不喜欢苏东坡。如有听之，便一定是红下脸来，意欲一争高低。这种态度，使得我家先生一次不由得问：如果你同苏东坡活在同一时代，你是不是会嫁给他？只要苏东坡肯娶我的话，回答自然是肯定的。他不知道，能成为世上第一个阅读苏东坡诗文的人、能一天到晚听到苏东坡谈笑风生的人该是何等的幸福！

人生感悟

由诗词而喜欢作此诗词的人，说起来是很自然的事。但说到嫁与那人，则很显然是个玩笑话。在这篇文章里，苏东坡已经不再是个单纯的人，或是诗人，而是一种理想的化身，对他的喜欢，无疑也是对理想的向往和追求。

童年读书

我童年时的确迷恋读书。那时候既没有电影更没有电视，连收音机都没有。只有在每年的春节前后，村子里的人演一些《血海深仇》《三世仇》之类的忆苦戏。在那样的文化环境下，看"闲书"便成为我的最大乐趣。我体能不佳，胆子又小，不愿跟村里的孩子去玩上树下井的游戏；偷空就看"闲书"。父亲反对我看"闲书"，大概是怕我中了书里的流毒，变成个坏人；更怕我因看"闲书"耽误了割草放羊：我看"闲书"就只能像地下党搞秘密活动一样。

后来，我的班主任家访时对我的父母说，其实可以让我适当地看一些"闲书"，形势才略有好转。但我看"闲书"的样子总是不如我背诵课文或是背着草筐、牵着牛羊的样子让我父母看着顺眼。人真是怪，越是不让他看的东西、越是不让他干的事情，他看起来、干起来越有瘾，所谓偷来的果子吃着香就是这道理吧！

我偷看的第一本"闲书"，是绘有许多精美插图的神魔小说《封神演义》，那是班里一个同学的传家宝，轻易不借给别人。我为他家拉了一上午磨才换来看这本书一下午的权利，而且必须在他家磨道里看并由他监督着，仿佛我把书拿出门就会去盗版一样。这本用汗水换来短暂阅读权的书留给我的印象十分深刻，那骑在老虎背上的申公豹、鼻孔里能射出白光的郑伦、能在地下行走的土行孙、眼里长手手里又长眼的杨任，等等，一辈子也忘不掉啊，所以前几年在电视上看了连续剧《封神演义》，替古人不平，如此名著竟被糟蹋得不成模样。其实这种作品是不能弄成影视的，非要弄，我想只能弄成动画片，像《大闹天宫》《唐老鸭和米老鼠》那样。

后来又用各种方式把周围几个村子里流传的几部经典，如《三国演义》《水浒传》《儒林外史》之类，全弄到手看了。

那时我的记忆力真好，用飞一样的速度阅读一遍，书中的人名就能记全，主要情节便能复述，描写爱情的警句甚至能成段地背诵，现在完全不行了。后来又把"文革"前那十几部著名小说读遍了。

记得从一个老师手里借到《青春之歌》时已是下午，明明知道如果不去割草羊就要饿肚子，但还是挡不住书的诱惑，一头钻到草垛后，一下午就把大厚本的《青春之歌》读完了。身上被蚂蚁、蚊虫咬出了一片片的疙瘩，从草垛后晕头涨脑地钻出来，已是红日西沉。我听到羊在圈里狂叫，饿的，心里忐忑不安，等待着一顿痛骂或是痛打。但母亲看看我那副样子，宽容地叹息一声，没骂我也没打我，只是让我赶快出去弄点草喂羊。我飞快地窜出家院，心情好得要命，那时我真感到了幸福。

我的二哥也是个书迷，他比我大5岁，借书的路子比我要广得多，常能借到我借不到的书；但这家伙不允许我看他借来的书。他看书时，我就像被磁铁吸引的铁屑一样，悄悄地溜到了他的身后，先是远远地看，脖子伸得老长，像一只喝水的鹅，看着看着就不由自主地靠了前。他知道我溜到他的身后，就故意地将书页翻得飞快，我一目十行地阅读才能勉强跟上趟。他很快就会烦，合上书，一掌把我推到一边去。但只要他打开书页，很快我就会凑上去。他怕我趁他不在时偷看，总是把书藏到一些稀奇古怪的地方，就像革命样板戏《红灯记》里的地下党员李玉和藏密电码一样。但我比日本宪兵队长鸠山高明得多，我总是能把我二哥费尽心机藏起来的书找到；找到后自然又是不顾一切，恨不得把书一口吞到肚子里去。

有一次他借到一本《破晓记》，藏到猪圈的棚子里。我去找书时，头碰了马蜂窝,"嗡"的一声响,几十只马蜂蜇到脸上,奇痛难挨。但顾不上痛,抓紧时间阅读,读着读着眼睛就睁不开了。头肿得像柳斗,眼睛肿成了一条缝。

我二哥一回来,看到我的模样,好像吓了一跳,但他还是先把书从我手里夺出来,拿到不知什么地方藏了,才回来管教我。他一巴掌差点把我扇到猪圈里,然后说:"活该!"我恼恨与疼痛交加,呜呜地哭起来。他想了一会儿,可能是怕母亲回来骂,便说:"只要你说是自己上厕所时不小心碰到了马蜂窝,我就让你把《破晓记》读完。"我非常愉快地同意了。但到了第二天,我脑袋消了肿,去跟他要书时,他马上就不认账了,我发誓今后借了书也绝不给他看,但只要我借回了他没读过的书,他就使用暴力抢去先看。

有一次,我从同学那里好不容易借到一本《三家巷》,回家后一头钻到堆满麦秸草的牛棚里,正看得入迷,他悄悄地摸进来,一把将书抢走,说:"这书有毒,我先看看,帮你批判批判!"他把我的《三家巷》揣进怀里跑走了。我好恼怒!但追又追不上他,追上了也打不过他,只能在牛棚里跳着脚骂他。几天后,他将《三家巷》扔给我,说:"赶快还了去,这书流氓极了!"我当然不会听他的。我怀着甜蜜的忧伤读《三家巷》,为书里那些小儿女的纯真爱情而痴迷陶醉。旧广州的水汽市声扑面而来,在耳际鼻畔缭绕。一个个人物活灵活现,仿佛就在眼前。当我读到区桃在沙面游行被流弹打死时,趴在麦秸草上低声抽泣起来。我心中那个难过,那种悲痛,难以用语言形容。那时我大概9岁吧,6岁上学,念到三年级的时候。

看完《三家巷》,好长一段时间里,我心里怅然若失,无心听课,眼前老是晃动着美丽少女区桃的影子,手不由己地在语文课本的空白处写满了区桃。班里的干部发现了,当众羞辱我,骂我是大流氓,并且向班主任老师告发,老师批评我思想不健康,说我中了资产阶级思想的流毒。几十年后,我第一次到广州,串遍大街小巷想找区桃,可到头来连个胡杏都没碰到,我问广州的朋友,区桃哪里去了?朋友说:区桃们白天睡觉,夜里才出来活动。

读罢《三家巷》不久,我从一个很赏识我的老师那里借到了一本《钢铁是怎样炼成的》。

晚上,母亲在灶前忙饭,一盏小油灯挂在门框上,热腾腾的烟雾缭绕着。我个头矮，只能站在门槛上就着如豆的灯光看书。我沉浸在书里，头发被灯火烧焦也不知道。保尔和冬妮娅，肮脏的烧锅炉小工与穿着水兵服的林务官的女儿的迷人的初恋，实在是让我梦绕魂牵，跟得了相思病差不多。多少年过去了，那些当年活现在我脑海里的情景还历历在目。保尔在水边钓鱼，冬妮娅坐在水边树杈上读书……哎，哎，咬钩了，咬钩了……鱼并没咬钩。

冬妮娅为什么要逗这个衣衫褴褛、头发蓬乱、浑身煤矿灰的穷小子呢？冬妮娅出于一种什么样的心态？保尔发了怒，冬妮娅向保尔道歉；然后保尔继续钓鱼，冬妮娅继续读书。她读的什么书？是托尔斯泰还是屠格涅夫？她垂着光滑的小腿在树杈上读书，那条乌黑粗大的发辫，那双湛蓝清澈的眼睛……保尔这里还有心钓鱼吗？如果是我，肯定没心钓鱼了。从冬妮娅向保尔真诚道歉那一刻起，童年的小门关闭，青春的大门猛然敞开了，一个美丽的、令人遗憾的爱情故事开始了。

我想，如果冬妮娅不向保尔道歉呢？如果冬妮娅摆出贵族小姐的架子痛骂穷小子呢？那《钢铁是怎样炼成的》就没有了。一个高贵的人并没意识到自己的高贵才是真正的高贵；一个高贵的人能因自己的过失向比自己低贱的人道歉是多么可贵。我与保尔一样，也是在冬妮娅道歉那一刻爱上了她。说爱还早了点，但起码是心中充满了对她的好感，阶级的壁垒在悄然地瓦解，接下来就是保尔和冬妮娅赛跑，因为恋爱忘了烧锅炉；劳动纪律总是与恋爱有矛盾，古今中外都一样。美丽的贵族小姐在前面跑，锅炉小工在后边追……最激动人心的时候到了：冬妮娅青春焕发的身体有意无意地靠在保尔的胸膛上……看到这里，幸福的热泪从高密东北乡的傻小子眼里流了下来。接下来，保尔剪头发，买衬衣，到了冬妮娅家做客……我是三十多年前读的这本书，之后再没翻过，但一切都在眼前，连一个细节都没忘记。

我当兵后看过根据这部小说改编的电影，但失望得很，电影中的冬妮娅根本不是我想象中的冬妮娅。保尔和冬妮娅最终还是分道扬镳，成了两股道上跑的车，各奔了前程。当年读到这里时，我心里那种滋味难以说清。我想如果我是保尔……但可惜我不是保尔……我不是保尔也忘不了临别前那无比温馨甜蜜的一夜……冬妮娅家那条凶猛的大狗，狗毛温暖，冬妮娅皮肤凉爽……冬妮娅的母亲多么慈爱啊，散发着牛奶和面包的香气……后来在筑路工地上相见，但昔日的恋人之间竖起了黑暗的墙，阶级和阶级斗争多么可怕。

但也不能说保尔不对，冬妮娅即使嫁给了保尔，也注定不会幸福，因为这两个人之间的差别实在太大了。保尔后来又跟那个共青团干部丽达恋爱，这是革命时期的爱情，尽管也有感人之处，但比起与冬妮娅的初恋，缺少了那种缠绵悱恻的情调。最后，倒霉透顶的保尔与那个苍白的达雅结了婚。这桩婚事连一点点浪漫情调也没有，看到此处，保尔的形象在我童年的心目中就暗淡无光了。

读完《钢铁是怎样炼成的》，"文化大革命"就爆发了，我童年读书的故事也就完结了。

人生感悟

对于艰难岁月中的人们来说，读书是调节精神的最佳润滑剂。

读书苦乐

读书钻研学问，当然得下苦功夫。为了应付考试、为写论文、为求学位，大概都得苦读。陶渊明好读书。如果他生于当今之世，要去考大学，或考研究院，或考什么"托福儿"，难免会有些困难吧？我只愁他政治经济学不能及格呢，这还不是因为他"不求甚解"。

我曾挨过几下"棍子"，说我读书"追求精神享受"。我当时只好低头认罪。我也承认自己确实不是苦读。不过，"乐在其中"并不等于追求享受。这话可为知者言，不足为外人道也。

我觉得读书好比串门儿——"隐身"的串门儿。要参见钦佩的老师或拜谒有名的学者，不必事前打招呼求见，也不怕搅扰主人。翻开书面就闯进大门，翻过几页就升堂入室；而且可以经常去，时刻去，如果不得要领，还可以不辞而别，或者另找高明，和他对质。不问我们要拜见的主人住在国内国外，不问他属于现代古代，不问他什么专业，不问他讲正经大道理或聊天说笑，都可以挨近前去听个足够。我们可以恭恭敬敬旁听孔门弟子追述夫子遗言，也不妨淘气地笑问"言必称'亦曰仁义而已矣'"的孟夫子"，他如果生在我们同一个时代，会不会是一位马列主义老先生呀？我们可以在苏格拉底临刑前守在他身边，听他和一位朋友谈话；也可以对斯多葛派伊匹克梯忒斯（Epictetus）的《金玉良言》思考怀疑。我们可以倾听前朝列代的遗闻逸事，也可以领教当代最奥妙的创新理论或有意惊人的故作高论，反正话不投机或言不入耳，不妨抽身退场，甚至"砰"一下推上大门——就是说，"啪"合上书面——谁也不会嗔怪。这是书以外的世界里难得的自由！

　　壶公悬挂的一把壶里，别有天地日月。每一本书——不论小说，戏剧、传记、游记、日记，以至散文诗词，都别有天地，别有日月星辰，而且还有生存其间的人物。我们很不必千里迢迢地赶赴某地，花钱买门票去看些仿造的赝品或"栩栩如生"的替身，只要翻开一页书，走入真境，遇见真人，就可以亲亲切切地观赏一番。

　　说什么"欲穷千里目，更上一层楼"！我们连脚底下地球的那一面都看得见，而且顷刻可到。尽管古人把书说成"浩如烟海"，书的世界却真正的"天涯若比邻"，这话绝不是唯心的比拟。世界再大也没有阻隔。佛说"三千大千世界"，可算大极了，书的境地呢，"现在界"还加上"过去界"，也带上"未来界"，实在是包罗万象，贯通三界。而我们却可以足不出户，在这里随意阅历，随时拜师求教。谁说读书人目光短浅，不通人情，不关心世事呢！这里可得到丰富的经历，可认识各时各地、多种多样的人。经常在书里"串门儿"，至少也可以脱去几分愚昧，多长几个心眼儿吧？我们看到道貌岸然、满口豪言壮语的大人先生，不必气馁胆怯，因为他们本人家里尽管没开放门户，没让人闯入，他们的亲友家我们总到过，自会认识他们虚架子后面的真嘴脸。一次我乘汽车驰过巴黎塞纳河上宏伟的大桥，我看到了栖息在大桥底下的那群拣垃圾为生、盖报纸取暖的穷苦人。不是我眼睛能拐弯儿，只因为我曾到那个地带去串过门儿啊。

　　可惜我们"串门"时"隐"而犹存的"身"，毕竟只是凡胎俗骨。我们没有如来佛的慧眼，把人世间几千年积累的智慧一览无余，只好时刻记住庄子"吾生也有涯，而知也无涯"的名言。我们只是朝生暮死的虫（还不是孙大圣毫毛变成的虫儿），钻入书中世界，这边爬爬，那边停停，有时遇到心仪的人，听到惬意的话，或者对心上悬挂的问题偶有所得，就好比开了心窍，乐以忘言。这个"乐"和"追求享受"该不是一回事吧？

人生感悟

读书很苦，读书很枯燥，然而读书又是快乐的。

读书——幸福

爱上读书是一件幸福的事，它往往决定一个人未来的命运以及生活道路。

每个人都有他的少年时代，或者是快乐的充满朝气的，或者是寂寞的略带苦涩的，少年时代有太多的梦想，也有太多的空白——以读书来填补空白是一个最佳选择。

我小时候体弱多病，在病榻上辗转的日子里随手翻阅姐姐的文学书籍，虽然以当时的年龄未能全部理解书中的世界，但那些也是点点滴滴的积累。现在回忆我走上文学道路的经历，少年读书似乎是个开始。

由于各种条件的限制，我那时候读的书籍良莠不齐、鱼龙混杂，很羡慕现在的文化市场全方位地向人们打开大门，有那么多的好书任你选择、任你阅览，徜徉在好书的海洋中是一件幸福的事。

对于一个少年来说，学校的功课不可不做，功课外的书籍也不可不看，你需要做的只是合理调配你的时间，不过我想提醒大家注意的是，有一类书只会浪费你的时间，有一类书具备了蛊惑人心的面目，但它对你的成长无所裨益，那就是书摊上封面花哨刀光剑影的通俗武侠小说。

要读书，但一定要读好书。

读书是幸福，读好书是更大的幸福。

人生感悟

书是良师，更是益友。徜徉于书海之中，用心灵与往哲先贤对话，与当代才俊交谈，从他们的著作中感受他们人格的魅力，我们可以增长见识，陶冶情操，丰富感情。与书的感情日益俱增，我们的幸福指数也随之不断上涨。

读书的艺术

　　读书或书籍的享受素来被视为有修养的生活上的一种雅事，而在一些不大有机会享受这种权利的人们看来，这是一种值得尊重和妒忌的事。当我们把一个不读书者和一个读书者的生活上的差异比较一下，这一点便很容易明白。那个没有养成读书习惯的人，以时间和空间而言，是受着他眼前的世界所禁锢的。他的生活是机械化的，刻板的；他只跟几个朋友和相识者接触谈话，他只看见他周遭所发生的事情。他在这个监狱里是逃不出去的。可是当他拿起一本书的时候，他立刻走进一个不同的世界；如果那是一本好书，他便立刻接触到世界上一个最健谈的人。这个谈话者引导他前进，带他到一个不同的国度或不同的时代，或者对他发泄一些私人的悔恨，或者跟他讨论一些他从来不知道的学问或生活问题。一个古代的作家使读者随一个久远的死者交通；当他读下去的时候，他开始想象那个古代的作家相貌如何，是哪一类的人。孟子和中国最伟大的历史学家司马迁都表现过同样的观念。一个人在十二小时之中，能够在一个不同的世界里生活两小时，完全忘怀眼前的现实环境：这当然是那些禁锢在他们的身体监狱里的人所妒羡的权利。这么一种环境的改变，由心理上的影响说来，是和旅行一样的。

　　不但如此。读者往往被书籍带进一个思想和反省的境界里去。纵使那是一本关于现实事情的书，亲眼看见那些事情或亲历其境，和在书中读到那些事情，其间也有不同的地方，因为在书本里所叙述的事情往往变成一片景象，而读者也变成一个冷眼旁观的人。所以，最好的读物是那种能够带我们到这种沉思的心境里去的读物，而不是那种仅在报告事情的始末的读物。我认为人们花费大量的时间去阅读报纸，并不是读书，因为一般阅报者大抵只注意到事件发生或经过的情形的报告，完全没有沉思默想的价值。

　　据我看来，关于读书的目的，宋代的诗人和苏东坡的朋友黄山谷所说的话最妙。他说："三日不读，便觉语言无味，面目可憎。"他的意思当然是说，读书使人得到一种优雅和风味，这就是读书的整个目的，而只有抱着这种目的的读书才可以叫做艺术。一人读书的目的并不是要"改进心智",因为当他开始想要改进心智的时候,一切读书的乐趣便丧失净尽了。他对自己说:"我非读莎士比亚的作品不可,我非读索福客俪(Sophocles)的作品不可,我非读伊里奥特博士(Dr. Eliot)的《哈佛世界杰作集》不可,使我能够成为有教育的人。"我敢说那个人永远不能成为有教育的人。他有一天晚上会强迫自己去读莎士比亚的《哈姆雷特》(Hamlet),读毕好像由一个噩梦中醒转来,除了可以说他已经"读"过《哈姆雷特》之外,并没有得到什么益处。一个人如果抱着义务的意识去读书,便不了解读书的艺术。这种具有义务目的的读书法,和一个参议员在演讲之前阅读文件和报告是相同的。这不是读书,而是寻求业务上的报告和消息。

所以,依黄山谷氏的说话,那种以修养个人外表的优雅和谈吐的风味为目的的读书,才是唯一值得嘉许的读书法。这种外表的优雅显然不是指身体上之美。黄氏所说的"面目可憎",不是指身体上的丑陋。丑陋的脸孔有时也会有动人之美,而美丽的脸孔有时也会令人看来讨厌。我有一个中国朋友,头颅的形状像一颗炸弹,可是看到他却使人欢喜。据我在图画上所看见的西洋作家,脸孔最漂亮的当推吉斯透顿(C. K. Chesterton)。他的髭(zī)须,眼镜,又粗又厚的眉毛和两眉间的皱纹,合组而成一个恶魔似的容貌。我们只觉得那个头额中有许许多多的思念在转动着,随时会由那对古怪而锐利的眼睛里迸发出来。那就是黄氏所谓美丽的脸孔,一个不是脂粉装扮起来的脸孔,而是纯然由思想的力量创造起来的脸孔。讲到谈吐的风味,那完全要看一个人读书的方法如何。一个人的谈吐有没有"味",完全要看他的读书方法。如果读者获得书中的"味",他便会在谈吐中把这种风味表现出来;如果他的谈吐中有风味,他在写作中也免不了会表现出风味来。

所以,我认为风味或嗜好是阅读一切书籍的关键。这种嗜好跟对食物的嗜好一样,必然是有选择性的,属于个人的。吃一个人所喜欢吃的东西终究是最合卫生的吃法,因为他知道吃这些东西在消化方面一定很顺利。读书跟吃东西一样,"在一人吃来是补品,在他人吃来是毒质。"教师不能以其所好强迫学生去读,父母也不能希望子女的嗜好和他们一样。如果读者对他所读的东西感觉不到趣味,那么所有的时间全都浪费了。袁中郎曰:"所不好之书,可让他人读之。"

人生感悟

一本好书是作者的心灵剖析史，也是读者的心灵锻造史。书中力透纸背的辛酸、激情、空灵、优美、祈望……带给读者的是超越文字的无限广阔的感受空间。因此，书不可死读，而应活读——包括对话、共鸣、体验和塑造。

论读书

读书可以作为消遣，可以作为装饰，也可以增长才干。

孤独寂寞时，阅读可以消遣；高谈阔论时，知识可供装饰；处世行事时，正确运用知识意味着才干。懂得事务因果的人是幸运的。有实际经验的人虽能够处理个别性的事务，但若要综观整体，运筹全局，却唯有学识方能办到。

读书太慢会弛懈，为装潢而读书是欺人，只按照书本办事是呆子。

求知可以改进人性，而经验又可以改进知识本身。人的天性犹如野生的花草，求知学习好比修剪移栽。学问虽能指引方向，但往往流于浅泛，必须依靠经验才能扎下根基。

狡诈者轻鄙学问，愚鲁者羡慕学问，聪明者则运用学问。知识本身并没有告诉人怎样运用它，运用的智慧在于书本之外。这是技艺，不体验就学不到。

读书的目的是为了认识事物原理。为挑剔辩驳去读书是无聊的。但也不可过于迷信书本。求知的目的不是为了吹嘘炫耀，而应该是为了寻找真理，启迪智慧。

书籍好比食品。有些只需浅尝，有些可以吞咽，只有少数需要仔细咀嚼，慢慢品。所以，有的书只要读其中一部分，有的书只需知其中梗概，而对于少数好书，则要通读，细读，反复读。

有的书可以请人代读，然后看他的笔记摘要就行了。但这只应限于不太重要的议论和质量粗劣的书。否则一本书将像已被蒸馏过的水，变得淡而无味了！

读书使人充实，议论使人机敏，写作则能使人精确。

因此，如果有人不读书又想冒充博学多知，他就必须很狡黠，才能掩饰无知；如果一个人懒于动笔，他的记忆力就必须强而可靠；如果一个人要孤独探索，他的头脑就必须格外锐利。

读史使人明智，读诗使人聪慧，演算使人精密，哲理使人深刻，道德使人高尚，逻辑修辞使人善辩。总之，"知识能塑造人的性格"。

不仅如此，精神上的各种缺陷，都可以通过求知来改善——正如身体上的缺陷，可以通过适当的运动来改善一样。例如打球有利于腰背，射箭可扩胸利肺，散步则有利于消化，骑术使人反应敏捷，等等。同样，一个思维不集中的人，他可以研习数学，因为数学稍不仔细就会出错。缺乏分析判断力的人，他可以研习形而上学，因为这门学问最讲究烦琐辩证。不善于推理的人，可以研习法律案例，如此等等。这种心灵上的缺陷，都可以通过求知来治疗。

人生感悟

不要点墨成冰而心目如磐的痴读，更无须头悬梁锥刺骨但功利味颇重的苦读，只需要轻描淡写的闲读就行。茶余饭后，随手展卷，"知于天地外，意在有无中"，不求甚解，只求一得。拥有如此的心境，便能在书中感受最完整、最纯粹的幸福。

两种读书人

读书人在古代是有特殊优越的身份地位的，"万般皆下品，唯有读书高"。一读了书就和普通老百姓不同，就有权利获得特殊的生活享受，就有资格做官。倘若不做官，去行医，就是"儒医"，比普通医生高一等；去带兵，就是"儒将"，比普通将官也高一等。乃至为娼为丐，倘若知书识字，身价也可以比普通的娼妓、乞丐高一点儿。

读书人之所以有这样高的地位，是封建帝王所有意造成的。

封建帝王虽然推崇读书人，但其实他并不愿意人民普遍地读书，又只准人读一定范围内的书。当帝王高兴时，他也可以让唱戏唱得好的，说笑话说得好的人做大官，他之推崇读书人也还是从这种态度出发。所以他所保护的读书人也只是那甘于为帝王"倡优畜之"的读书人。

这一类读书人，念熟了《圣谕广训》《四书章句集注》，会写成篇的八股文，进学中举，便俨然以"民之父母"自居。因为得到帝王的特别维护，就无法无天起来了。"读圣贤书，所学何事？"原来他们从来没有学到什么，所做的自然只是贪赃枉法，害民肥己的事了。

古代的读书人就是现在的知识分子。即使是在封建时代，这样的读书人也并不能代表一切知识分子。在封建时代，也有"不为五斗米折腰"的读书人，也有"先天下之忧而忧，后天下之乐而乐"的读书人，也有"穷年忧黎元，叹息肠内热"的读书人。这些可说是真正的读书人，他们只觉得自己对社会负了更多的责任，对于自己的出处进退有更慎重的考虑，而不觉得自己有权利生活在别人的头上。

这样的真正的读书人，因为骨头太"硬"，太不"知趣"，不会"逢迎"，专说些使人"扫兴"的话，所以是封建帝王所不喜欢的。他们也就常常只能过着饥寒流离的生活。他们自己也甘于过这种生活，因为他们羞于和那些侧身于倡优之列的"读书人"为伍！

人生感悟

世上的读书人众多，但读书的目的又各不相同。真正的读书人，应身处功利心之处，而又心怀天下。书应该为自己而读，而又为天下人而读，因为读书能让人知礼明志而又乐在其中，如同一朵优美的莲花，娇艳非常而又高雅无比。

钱钟书是怎样做读书笔记的

许多人说，钱钟书记忆力特强，过目不忘。他本人却并不以为自己有那么"神"。他只是好读书，肯下功夫，不仅读，还做笔记；不仅读一遍两遍，还会读三遍四遍，笔记上不断地添补。所以他读的书虽然很多，却不易遗忘。

他做笔记的习惯是在牛津大学图书馆旧（Bodleian——他译为饱蠹dù

楼）读书时养成的。因为饱蠹楼的图书向来不外借。到那里去读书，只准携带笔记本和铅笔，书上不准留下任何痕迹，只能边读边记。钟书的"饱蠹楼书记"第一册上写着如下几句："廿五年（1936年）二月起，与绛约间日赴大学图书馆读书，各携笔札，露钞雪纂，聊补三箧（qiè）之无，铁画银钩，虚说千毫之秃，是为引。"第二册有题词如下："心如椰子纳群书，金匮青箱总不如，提要勾玄留指爪，忘筌他日并无鱼。（默存题，季康以狼鸡杂毫笔书于灯下）"这都是用毛笔写的，显然不是在饱蠹楼边读边记，而是经过反刍，然后写成的笔记。

做笔记很费时间。钟书做一遍笔记的时间，约莫是读这本书的一倍。他说，一本书，第二遍再读，总会发现读第一遍时会有很多疏忽。最精彩的句子，要读几遍之后才发现。

钟书读书做笔记成了习惯。但养成这习惯，也因为我们多年来没个安顿的居处，没地方藏书。他爱买书，新书的来源也很多，不过多数的书是从各图书馆借的。他读完并做完笔记，就把借来的书还掉，自己的书往往随手送人了。钟书深谙"书非借不能读也"的道理，有书就赶紧读，读完总做笔记。无数的书在我家流进流出，存留的只是笔记，所以我家没有大量藏书。

钟书的笔记从国外到国内，从上海到北京，从一个宿舍到另一个宿舍，从铁箱、木箱、纸箱，以至麻袋、枕套里出出进进，几经折腾，有部分笔记本已字迹模糊，纸张破损。钟书每天总爱翻阅一两册中文或外文笔记，常把精彩的片段读给我听。我曾想为他补缀破旧笔记，他却阻止了我。他说："有些都没用了。"哪些没用了呢？对谁都没用了吗？我当时没问，以后也没想到问。

钟书去世后，我找出大量笔记，经反复整理，分出三类。

第一类是外文笔记（外文包括英、法、德、意、西班牙、拉丁文）。除了极小部分是钟书用两个指头在打字机上打的，其余全是手抄。笔记上还记有书目和重要的版本以及原文的页数。他读书也不忽略学术刊物。凡是著名作家有关文学、哲学、政治的重要论文，他读后都做笔记，并记下刊物出版的年、月、日。钟书自从摆脱了读学位的羁束，就肆意读书。英国文学，在他已有些基础。他又循序攻读法国文学，从15世纪到19世纪而后20世纪；也同样攻读德国文学、意大利文学的历代重要作品，一部一部细读，并勤勤谨谨地做笔记。这样，他又为自己打下了法、德、意大利文学的基础。以后，他就随遇而读。他的笔记，常前后互相印证参考，所以这些笔记本很难编排。而且我又不懂德文、意大利文和拉丁文。恰逢翻译《围城》的德国汉学家莫宜佳博士（Professor Dr. Monika Motsch）来北京。我就请她帮我编排。她看到目录和片断内容，"馋"得下一年暑假借机会又到北京来，帮我编排了全部外文笔记。笔记本共178册，还有打字稿若干页，全部外文笔记共三万四千多页。

第二是中文笔记。他开始把中文的读书笔记和日记混在一起。1952年知识分子第一次受"思想改造"时，他风闻学生可检查"老先生"的日记。日记属私人私事，不宜和学术性的笔记混在一起。他用小剪子把日记部分剪掉毁了。这部分笔记支离破碎，而且都散乱了，整理很费工夫。他这些笔记，都附带自己的议论，亦常常前后参考、互相印证。以后的笔记他都亲自记下书目、也偶有少许批语。中文笔记和外文笔记的数量，大致不相上下。

第三类是"日札"——钟书的读书心得。日札想是"思想改造"运动之后开始的。最初的本子上还有涂抹和剪残处。以后他就为日札题上各种名称，如"容安馆日札""容安室日札""容安斋日札"；署名也多种多样，如"容安馆主""容安斋居士""槐聚居士"等；还郑重其事，盖上各式图章。我先还分门别类，后来才明白，这些"馆""斋""室"等，只是1953年"院系调整"后，我家居住的中关园小平房（引用陶渊明《归去来辞》"审容膝之易安"）。以后屡次迁居，在钟书都是"容膝易安"的住所，所以日札的名称一直没改。

日札共23册、2000多页，分802则。每一则只有数目，没有篇目。日札基本上是用中文写的，杂有大量外文，有时连着几则都是外文。不论古今中外，从博雅精深的历代经典名著，到通俗的小说院本，以至村谣俚语，他都互相参考印证，融会贯通，而心有所得，但这点"心得"还待写成文章，才能成为他的著作。《管锥编》里，字字都是日札里的心得，经发挥充实而写成的文章。

人生感悟

读书经验告诉我们：好记性不如烂笔头。读书不仅要动眼看，还要动手记，白纸黑字，清清楚楚。也许我们做不到像钱钟书那样一字一句用各种语言保存下来读书的心得，但有时我们的经历和经历和思想就是靠一笔一画保存下来的。

五类作品的读法

一、散文：读它有五忌

现在读散文并不是件很轻松的事，散文一热，写散文的人就多；而写的人一多，水平就参差不齐了。时间本来宝贵，如果很多闲暇被劣质散文占了去，那享受就有了苦涩。也因此，我在读散文之前，时常是要慎重选择的。那些在好几个地方开专栏的作家，他们的散文我不读，小女人散文不读，过分风花雪月的不读，急就章的不读，太前卫的不读……虽然如此慎重，但也时常看走眼，不过往往读过几段，劣质的也就让你断了往下读的念头。

但千万别因为没遇到真货就躲开散文。在诸多文体中，散文是最容易让人找到读书乐趣的。

无论是严冬还是酷暑，无论是深秋还是初春，一篇好的散文，读过之后，都会让窗外的平常景致变得美丽起来。

二、小说：中长篇最能出彩

读小说是阅读中最好的从现实中逃离的方法，拿起或厚或薄的一本，几页下去，生活的时空便与小说中的同步，然后和主人公同喜同悲，深深地投入后，还会时常感觉自己变成主人公，那种感觉就更加刻骨铭心。不过，读长篇小说的时候毕竟少了，那种很长时间不知肉味的快乐也因此变少，但不长的小说却似乎精品更多。这几年中，读余华的《活着》《许三观卖血记》，刘恒的《贫嘴张大民的幸福生活》等作品最让我拥有再读的冲动。也许目前的中国作家，在不到20万字的中长篇小说的创作中功力最深，作品的水平也最高，因此阅读这个长度的小说，自己最有信心，结果也往往是这样。

三、纪实：应先天下之忧而忧

从纪实文学中，读到的总是一种内心的忧患，歌功颂德的少有优秀之作。近20年来，打动人心的纪实作品都拥有一种或悲壮或让人忧患的内在风格。

1996年是"文化大革命"30周年。在那一年的前后，我读了大量记录从反右到"文革"这一阶段的纪实作品。历史才隔了不长的岁月，当初的真实在今天就已经有了荒诞的感觉。可怕的是，那样一段灾难岁月，正有着一种被故意遗忘的倾向，而阅读是如今唯一可以靠近那段历史的机会。

读这种纪实作品，心情总不会很好，与其说是带着乐趣去读，不如说是带着责任去读。这样的作品很多，读起来也让人感慨万千。如果说好的散文是让人读过之后有种灵魂升空的愉悦感；那么，好的纪实作品则会让人有种双脚再次着地的沉重感：我们毕竟不能遗忘过去，哪怕无法提醒别人，但通过阅读提醒自己也是好的。不长的历史中，被尘封的人和事还有很多，我们现在读到的纪实作品还只是刻画出冰山的一角。

因此，我们完全可以期待，在不远的将来，还会有更多更让人震惊与感慨的纪实作品让我们去不轻松地翻阅。

四、诗歌：可读的慢慢没了

在所有的文学作品里，诗歌是最为浓缩的，与其说它是由笔写成的，不如说是由诗人们的血和泪浓缩而成的。也因此，读诗便能体会到一种强烈的心灵碰撞。"卑鄙是卑鄙者的通行证，高尚是高尚者的墓志铭。""黑夜给了我黑色的眼睛，我却用它寻找光明。""一切都是命运，一切都是烟云。""与其在悬崖上展览千年，不如在爱人的肩膀上痛哭一晚。"……这样的诗句早已刻进人们的生命中，思考也正因为如此而产生，读诗的时候，血是热的，也因此，诗歌多属于青春岁月。

由于和诗歌深深地结过缘，便时常想在新诗中找感动，但遗憾的是，可读的诗却慢慢没了。于是知道，读诗的快乐与震撼只能在回忆中寻找。

五、传记：体验不同人生

读传记是体验不同人生的最好方法。可惜，读人物传记在我们国内并没有成为一种阅读的时尚，这一点和国外大不相同。杨振宁在接受采访时就告诉我：闲暇时最爱读人物传记，而在国外图书排行榜上，各种人物传记也时常名列其中。

可能是由于工作的关系，时常要采访东方之子，要和不同的人打交道，因此各种人物传记也看了许多。看传记不是看人的一帆风顺，而恰恰是看传记中的人物在苦难面前是如何走过的，人生最关键的几步又是如何定夺的。我们每个人的一生都不可能重来，因此关键处也就那么几步。看多了别人的传记，关键时刻自己的主意也就好拿些，会避免一些错误和失误，当然这是一种实用性的做法。而更多的，在优秀人物传记中，我们会读到一种人生观，一种对生命的感悟与思考，这正是开卷有益之处。

人生感悟

读散文是掺进感情，读小说是参与故事，读纪实是带上忧患，读传记是感悟人生……那么，读书其实就是一种不静的交流，是一颗心与另一颗心的相遇、相知和相融。因此，如果我们真的在喜欢的文字面前有一颗平静而真诚的心，那么读书的方法反倒是次要的了。

一个总统的阅读心得

有些人把我的一些公开讲话解释为，我认为电视纯粹是一种灾难。事实上，看电视可能是一种廉价的、引起兴趣的，甚至是有价值的娱乐。任何一位去过医院或养老院的人都知道电视对病人和老人是多么重要。父母和祖父母把它当做廉价保姆，它可以用来教4岁的孩子认字母和数数。就我的政治生涯而言，它在1952年挽救了我一次，在1960年使我受挫，而在1968年又帮我东山再起。

另一方面，电视强调事物的外表，而不是它的实质。它对于历史悠久的会话艺术来说，是个灾难。它的最消极的影响，是促使读书风气衰落，不管它是为取乐，还是为求知。它对报业的影响最引人注目，一些城市曾维持三四家报纸，现在勉强维持一家。一个经常批评新闻界的人为何为一些报纸的死亡而悲哀？这是因为在一个社会里新闻舆论的多样化有助于保持新闻的诚实。宣传工具如同其他大的行业，垄断滋生傲慢。

阅读
——改变人生的轨迹

我必须承认，我始终对读书有着个人的偏爱。在我上学之前，我母亲就教我读书。我有幸碰到一些启发我热爱读书的优秀教师，除非我喜爱的代表队正在比赛，我在读书和看电视二者之间，总是选择前者。

读书既比看电视有更多的乐趣，也比谈话更有效益。虽然一次好的谈话令人鼓舞，但对我来说，阅读却是吸收、分析和理解别人思想的一种最佳方式。我在白宫的时候对这一点感触最深。决策者必须吸收大量的信息，阅读在这方面是最快和最好的手段。

要求顾问以书面形式提出意见，就促使他做更严密的思考。肤浅而错误的见解和思想，在白纸黑字中总是暴露无遗。阅读还能排除能言善辩所引起的近乎催眠的影响。C.P.斯诺说，他有时被托洛茨基的口才所左右。具有这种才能的演说家要左右别人没有困难。

用书面汇报而不是口头汇报，也节省时间。读比听快四五倍，而最重要的是，阅读对读者和作者双方而言，均要求思想上的条理化。那些声称自己正把"考虑的东西讲出来"的人，并没有想得很清楚，多数人在动笔时，才思考得较好。

面对大量的政策备忘录，我常把它们按轻重程度排列。我经常首先略读一下不重要的文件，以便有更多的时间用于重要的文件——进行评价，分解为若干部分，分析优点和弱点。我的阅读速度不快，看不完大量材料，在此意义上这是不利之处。但也是有利之处，因为这保证我在就一个重要问题作出决定之前彻底消化有关的材料。

1968年，林登·约翰逊在总统大选之后带我去白宫参观。当时，我发现他在椭圆形办公室、隔壁的私人办公室、办公室的洗澡间和卧室里各有3台电视机。他还有一个有线收录器。我清楚地记得，我们谈话时，他起身从收录器上撕下最近一份报告，了解关于他的仪表和讲话的报道情况。

后来，我把这些装置撤销了。我并非对它们不感兴趣，而是缺少时间。我在白宫时几乎不看晚新闻，更不愿受罪地一直看完星期日谈话节目。相反，我读节目中最重要的部分。这样你就节省了时间，免得老去想新闻媒介是怎么对待你的。我总是坚持要了解评论家在写什么、说什么。然而，阅读这些比在起居室里听他们讲要少受烦扰。

我一直抑制自己，不从头到尾地阅读关于我个人的文章，这种文章与涉及我处理问题的文章不同。把我的形象说成是正面的或反面的，都没关系。阅读否定你的文章，只能分散你对真正重要问题的注意力；阅读肯定你的文章也只能使你过分自信。

在阅读新闻报道、专栏或总统工作人员准备的政策备忘录的时候，你应当注意它们的来源。每一篇值得一读的文章均持某种观点。不管作者是否真想持客观态度，他的文章无疑会反映自己的偏见。因此，尽管你对一位助手多么信任，但也有必要让他把反对的意见随同多数人的意见一同提供给你，以便由你、而不是由助手来判定是非。同样，当一位高级工作人员把政策备忘录呈上来时，我坚持让他告诉我撰写者的姓名。对级别较低的政府工作人员来讲，没有什么比接到总统对其工作表示感谢的便条或电话更鼓舞他们的士气了。

为了工作，一位总统一天需要阅读许多小时，但他也不应忘记为消遣而读书。西奥多·罗斯福是美国总统中最博览群书的人。有一次他说，如果没有书读，他哪里也不去，"甚至不去非洲丛林"。在狩猎旅行中，为了不放过任何一个读书的机会，他总是在马鞍或口袋里装上一两本书。我在华盛顿的丛林中也是这样做的。

我在1965年访问澳大利亚的时候，罗伯特·门齐斯首相告诉我，他一天内总是抽出半小时，在星期六和星期天抽出一小时来读书消遣，并劝我也这样。我从来没有得到比这更好的建议！一位总统不应当那么受累去读他不得不读的东西，以致没有时间去读他想读的东西。

也许有人会说，读书消遣纯系逃避正业，领袖们可浪费不起时间。然而，没有人不同意，一位领导人也需要从沉重的工作负担中摆脱出来，而阅览是最好的消遣办法。观看电视和电影也能达到此目的，但它们是消极的娱乐方式，而阅读是积极的，它调动、锻炼、扩大我们的思想。

在危急时刻读书，可能尤其有益。此时，一位领袖最需认清形势。如果他应该把注意力集中于长远的目标，就必须把眼前的问题放一放，阅读有助于此。他也许在读的东西中找不到解决问题的答案，但是新的思想会使他的心灵振奋起来，使他以新的精力去处理问题。

良好的大学教育的目的是为了扩大思想、开阔视野和获得明察事物的能力。读书计划应当以此为目的。多数人大学毕业就不再这样阅读了，只按工作的需要去阅读，自身其他方面的教育便随即停止。他们的视野变得狭窄，也丧失了洞察力。最后，他们对某些事情什么都懂，对所有其他的事情却什么都不懂。

　　最难回答的问题是向别人推荐阅读书目。我喜爱历史、传记和哲学著作，但也同意一位涉猎广泛的报刊专栏作家默里·坎普顿的看法。他最近告诉我，文学名著不可不读。

　　一个人可以从托尔斯泰和陀思妥耶夫斯基的小说中，了解到较多的关于俄国革命力量的情况，他们曾在19世纪震撼了俄国。如只读学者们对那段历史所做的不真实的描写，则了解不到那么多的情况。一些当代比较好的小说是对现实生活的较准确写照，比学术界象牙之塔上产生出来的带有偏见的多数鸿卷巨帙要准确得多。

人生感悟

　　放在读书上的时间，无论多少，都不能算是浪费。当然，这"书"肯定是值得为之付出时间、精力和感情的书。尼克松的读书习惯因为他的总统身份而显得忙里偷闲，而我们不一样，可选择的好书有很多，只要肯读，我们总能在阅读中不断地收获。

情痴不关风与月

　　和书的缘分大约是在十四五岁时结下的，那时候我是人民大学附中的学生。或许是三年自然灾害刚过，政治上比较松动，学校图书馆那间只为教员开放的阅览室，居然对学生敞开了大门。每天下午例行的体育锻炼一完成，我就一头扎进了那四壁满布书架，中间也立着一排排书架的大厅。那时我觉得，让我走进这么一个地方，又赋予我在这里东翻西翻的权利，就跟把我放进了天堂一样。是的，我过去从来没有这样的机会，更没有这样的权利，我只能读老师和家长推荐的图书，不管它是否能引起我的兴趣。更坦率地说，它往往引不起我的兴趣。而现在，我发现原来这世界上还有这么多有趣的书，它们并非全如过去所见，只是那一个味儿！就不用说从未见过的那些精美的画册了，也不用说一直只是听到批判，却从来也没读过的《红与黑》《拍案惊奇》之类了。就说书里写到的英雄吧，也不光是黄继光和夏伯阳。我就在阅览室里，见识了在"生存还是毁灭"中折腾的"哈姆雷特",妒火中烧的"奥赛罗"……少年人的感觉,当然并不准确,把哈姆雷特、奥赛罗和黄继光、夏伯阳相比就是明证,不过,生活的确是给了我一个机会,让我感受到,书,把人的一生所拥有的可怜兮兮的空间和时间拓展了。它带领我们到远古去寻觅,到未来去探访,到海外天外游历,到微观世界领略其神奇,到别人经历的人生里共享悲欢……读书的妙处,恰恰就是因为它能使有限的人生得到无限的拓展。后来我在一篇作文中谈过类似的体会,我说,曹丕与吴质书叹道:"年一过往,何可攀援。古人思秉烛夜游,良有以也。"何如把"秉烛夜游"为"秉烛夜读"……年少气盛,想来可笑,然爱读之心,也可见一斑吧?

那时候读书真是读疯了,不敢说像某位前辈年轻时那样,"一日一书",至少也"每周一书"。读过的不仅有文艺小说,而且还有社会科学著作,甚至连《自然辩证法》也啃了下来,因为看不懂,又先去读了龚育之的论文,还去查了不少自然科学著作……

不难想象,没过多久,当"文革"的烈火把我所痴迷的东西化为一炬的时候,我会是个什么样子。

18岁那年,我到京西当了一名采掘工人,我的行李里有一套《红楼梦》,这书不是我的,它的主人是人民大学的何干之教授,书上还有他的大名。我猜是红卫兵抄了他的书,后来流传到了我的手里。说起来不好意思,我得了这本书,当时绝没有要还他的念头,因为我太需要它了,而且我也不知道到哪儿去找它的主人,再说那时候这书还被当做"四旧"。可惜的是,这套书没多久就失去了:我的一个朋友借去看,事后他告诉我,当他在列车上看这本书时,被列车员没收了。天知道是真是假,更有可能的是,没收了我的书的是我的这位朋友。对一位和我一样的嗜书者,我能说些什么?唯一遗憾的是,"文革"结束后,我似乎还在人民大学的院里见过何干之先生,我心里挺惭愧,没能把书还给老先生。

没有书读的日子犹如漫漫长夜,在那个荒唐的年代,为得到一本好书,我甚至干过有生以来唯一的一次盗窃。

我还清楚地记得那是一个和暖的冬日,有朋友来偷偷告知我,矿上的图书馆在腾房子,一个老头儿在把所有的"四旧"书打捆、清理,准备送到造纸厂去化浆。我特意为这次有计划的盗窃歇了一天班,穿上了一件宽大的棉大衣,装出一副若无其事的样子,踱入爆土扬烟的书库,和老头儿搭话，聊天儿，乘其不备，把一本一本书塞进裤腰里，用棉大衣掩着，一趟又一趟，那次偷来的书有：《战争与和平》《贝姨》《曹禺剧作选》，还有朱光潜先生的《西方美学史》。跟高尔基说的一样，那几天，我就像饿鬼扑到了面包上：天天躺在我的床上，拧亮那盏用纸盒子做灯罩的床头灯，看得昏天黑地，不知东方之既白。你可以想象，一个政治上正受到挤压、歧视的青年人，《红字》所给予他的会是什么？一个被艰苦的工作压弯了腰的知识青年，他能跟着朱光潜先生的著作，到美学的天地去遨游，该是何等的幸运！

这一次行动给我带来的，也未必全是幸运。大约是几个月以后，因为我看了曹禺先生的那篇《日出》，又给同屋的朋友们背了一段方达生的："太阳出来了，黑夜即将过去，太阳不是我们的，我们要睡了……"被人揭发出来，落了个"攻击红太阳"的罪名，招来了铺天盖地的大字报，又去开了几次"宽严大会"，如果不是工人们保护我，恐怕真的让公安局铐了去。

一点儿也不后悔，想的是欧阳修那句："人生自是有情痴，此恨不关风与月。"

社会人生的风风雨雨，也权当一本大书可否？

情之所钟，痴迷至此，风清月朗抑或风雨如磐，又可奈何。

说起来这么洒脱，当时代进入1979年，一大批被打成"四旧"的图书重新面世时，我也和我的北大同学们一道，挤在新华书店的柜台前，喊着"这本！……那本！"时，有一朋友指着被人抢着买走的《安娜·卡列尼娜》喊道："安娜是我的！"人皆轰然大笑，我却忽觉有"一声河满子，双泪落君前"的悲怆。

是的，情痴不关风与月，不过，读书，还是月朗风清好些。

人生感悟

把对书的痴迷形容为一种无关风月的情痴，由此可见作者当年对书的热爱程度。书已经与他的生命联系在一起，书在他的时间里留下一个又一个清晰的脚印。如今面对一本本唾手可得的好书即又懒得翻阅，那些人真该黯然惭愧……

我之于书

20年来，我生活费中至少十分之一二是消耗在书上的。我的房子里比较贵重的东西就是书。

我向无对于任何一问题作高深研究的野心，因之所买的书范围较广，宗教、艺术、文学、社会、哲学、历史、生物，各方面差不多都有一点儿。最多的是各国文学名著的译本，与本国古来的诗文集，别的门类只是些概论等类的入门书而已。

我不喜欢向别人或图书馆借书，借来的书，在我好像过不来瘾似的，必要是自己买的才满足。这也可谓是一种占有的欲望。买到了几册新书，一册一册地加盖藏书印记，是我最感到快悦的时候。

书籍到了我的手里以后，我的习惯是先看序文，次看目录。页数不多的往往立刻通读，篇幅大的，只把正文任择一二章节略加翻阅，就插在书架上。除小说外，我少有全体读完的大部的书，只凭了购入当时的记忆，知道某册书是何种性质，其中大概有些什么可取的材料而已。什么书在什么时候再去读再去翻，连我自己也无把握，完全是看一个时期，一个时期的兴趣。关于这事，我常自比为古时的皇帝，而把插在架上的书，譬诸列屋而居的宫女。

我虽爱买书，而对于书却不甚爱惜。读书的时候，常在书上把我所认为要紧的处所标出。线装书大概用笔加圈，洋装书竟用红铅笔画粗粗的线。经我看过的书，统体干净的很少。

据说，任何爱吃糖果的人，只要叫他到糖果铺中去做事，见了糖果就会生厌。自我入书店以后，对于书的贪念，也已消除了不少了。可是仍不免要故态复萌，想买这种，想买那种。这大概因为糖果要用嘴去吃往往摆存毫无意义，而书则可以买了不看，任其只管插在架上的缘故吧。

人生感悟

请设想一下书对于我们的角色，是装饰书架的用品，还是炫耀常识的道具？有些书即使从未读过，但起码我们应承认它们的价值。当然，

我们不妨换一个角度来思考：在越来越多的零花钱里，我们花了多少来买书？

书虫

　　从前，中国人俗称士、秀才、知识分子一流为"读书人"。顾名思义，强调人与书的关系。也就是说，这种人的知识、本事、职能，以及日常生活方式都与书有关；或者说，这种人的特点、长处就是读书。

　　这种称呼既然相传已久，也就不必去考证这样解释是否得当。但是，一般来说，知识分子与书的关系确实密切到了难分难解的地步。特别是从事社会科学的学者或多或少总有藏书若干，至少，这是他的生产资料、生产工具。于是，埋首读书的人在过去年代就被讥为埋在故纸堆里出不来，或索性称为书呆子、书虫、虫蠹。他们有了收入，常常都花在书店里，用于购书。即使不买书，也常流连书店，驻足不去。老一辈作家、学者中，有很多是某些书店的老主顾，因此还有与书店老板成了亲密朋友的。老板知道他需要哪方面书，一旦搜罗得来就会送去。

　　刘半农曾有文记载他购买金圣叹七十一回本《水浒》的过程就是一例。他说，他在近20年中，到处寻访，梦寐以求，想买一部贯华堂原版《水浒》，即使买不到，就是看看，开开眼界也好。1933年，北京琉璃厂松筠阁书店老板终于为他找到一部完整的，使他如愿以偿，高兴非凡。他说："在去年上半年平津大局（指日寇武装侵犯华北，危及北平、天津）如此凶险之中，若说我个人还能有什么赏心快意的事，亦许就只是这一件罢。"可见此事在他生活中有多么重要了。后来刘半农的同事，北大教授傅斯年闻讯，急得跳起来，一把抓住刘半农要他让给他；又去找松筠阁老板纠缠责难："为什么有了好书，不卖给我卖给了他！"

　　这当然都是书呆子的痴人呆话，，但是书呆子嗜书如命，藏书成癖，却颇有人在。

　　故去的唐弢先生就是近人中藏书极丰的一位。他主要收藏现代文学书刊。20世纪60年代初，他从上海迁到北京定居，曾在东城无量大人胡同的一所四合院住过。我去访见他，也去他的藏书室参观过。那间屋与图书馆的书库无异，不仅环墙都是放满了书的书架，而且屋中央也都是排列成行满载着书籍的书架，人只能在书林中侧身穿行。后来，他迁到永安里寓所后，就没那么宽敞的地方了。我曾问过他："这么多的书怎么办？"他两手一摊，无奈地哈哈一笑说："没办法……都堆在那里呢！"他指指另一间小屋。

　　书多了，且又还不断地在增添新书，于是就有书满之患。在住所的多间居室里，最杂乱的就数书房。这固然也是文人的通病，但在我认识的师友中，书房最乱的还数萧乾先生。他住在永定门外时我去过。那时居住简陋，杂乱自不必说。后来迁到木樨地新居后，杂乱依然。我注意到他的书房里多增加了一个暗红色的罗马尼亚组合柜。可以毫不夸张地说，他的书房里所有柜子、桌子的柜门、抽屉大多都是虽设而常"开"，显然是使用得太频繁之故。书房的每寸地板，每件家具上都是书、文具、纸张，等等，都是不规则的，很散漫地很随意地倚躺在一处又一处。但是，如果你和萧乾先生谈天，说到某件事、某本书，他马上信手就可以从某个地方、某个柜子、某个抽屉、某本书里，毫不费力地找出来。

　　据我所知，许多人把这样杂乱的书房视为禁地，不许家里人插手打扫、揩拭、整理。别人说："这样太乱了。"他会说："我自己知道，你们一整理，就乱了，我就找不到了。"这大概也是呆子的一种呆话。

　　但是，不能否认，书虫们就在这里遨游世界，思考过去和未来，寻找人生的真谛，寄托和排遣感情悲欢的波澜……他拥有的是一片属于他自己的虚幻的宝藏，特别是在商业化社会环境里，别人尽可以不看重，甚至引为痴呆，但却是他人难以分享的。

　　香港已故作家叶灵凤先生也是一位著名的藏书家，他曾非常动人地描写过他坐拥书城时那份情趣和境界：

　　对于人间不能尽然忘怀的我，每当到了无可奈何的时候，我便将自己深锁在这间冷静的书斋中，这间用自己心血所筑成的避难所……在这时候，书籍对于我，便成为唯一的无言的伴侣。他任我从他的蕴藏中搜寻我的欢笑，搜寻我的哀愁……我不仅能忘去了我自己，而且更能获得了我自己。

　　于是，我竭诚地向那些正在人欲横流的大海里挣扎的人们，向那些流连歌台舞榭、卡拉OK的青年朋友们，以及被"下海"浪潮冲击得烦躁不安的知识界同仁进言，何不试一试叶灵凤先生那种寂寞的方式，也许从中将得到一丝异样的情趣和解脱，也未可知哪！

人生感悟

不妨试想一下：在我们的前前后后左左右右全是自己最喜欢、最需要的书籍，而我们在书丛中显得越来越小，最后像一只勤奋的虫子，在知识天堂里勤勤恳恳地搜寻，孜孜不倦的攫取。这是何等的惬意，何等的满足！（邵孤城）

书房

书房，多么典雅的一个名词！很容易令人联想到一个书香人家。书香是与铜臭相对峙的。其实书未必香，铜亦未必臭。周彝商鼎，古色斑斓，终日摩挲亦不觉其臭，铸成钱币才沾染市侩味，可是不复流通的布帛刀错又常为高人赏玩之资。书之所以为香，大概是指松烟油墨印上了毛边连史，从不大通风的书房里散发出来的那一股怪味，不是桂馥兰薰，也不是霉烂馊臭，是一股混合的难以形容的怪味。这种怪味只有书房里才有，而只有士大夫人家才有书房。书香人家之得名大概是以此。

寒窗之下苦读的学子多半是没有书房，囊萤凿壁的就更不用说。所以对于寒苦的读书人，书房是可望而不可即的豪华神仙世界。伊士珍《琅嬛记》："张华游于洞宫，遇一人引至一处。别是天地，每室各有奇书，华历观诸室书。皆汉以前事，多所未闻者，问其地，曰：'琅嬛福地也。'"这是一位读书人希求冥想一个理想的读书之所，乃托之于神仙梦境。其实除了赤贫的人饔飧（意指早饭和晚饭）不继谈不到书房，一般的读书人，如果肯要一个书房，还是可以好好布置出一个来的。有人分出一间房子养鸡，也有人分出一间房子养狗，就是匀不出一间做书房。我还见过一位富有的知识分子，他不但没有书房，也没有书桌，我亲见他的公子趴在地板上读书，他的女公子用一块木板在沙发上写字。

一个正常的良好的人家，每个孩子应该拥有一个书桌，主人应该拥有一间书房。书房的用途是庋（guǐ）藏图书并可读书写作于其间，不是用以公开展览借以骄人的。"丈夫拥书万卷，何假南面百城！"这种话好像是很潇洒而狂傲，其实是心尚未安无可奈何的解嘲语，徒见其不丈夫。书房不在大，亦不在设备佳，适合自己的需要便是。局促在几尺宽的走廊一角，只要放得下一张书桌，依然可以作为一个读书写作的工厂，大量出货。光线要好，空气要流通，红袖添香是不必要的，既没有香，"素腕举，红袖长"反倒会令人心有别注。书房的大小好坏，和一个人读书写作的成绩之多少高低，往往不成正比例。有好多著名作品是在监狱里写的。

我看见过的考究的书房当推宋春舫先生的楬（jié）木庐为第一，在青岛的一个小小的山头上，这书房并不与其寓邸相连，是单独的一栋。环境清幽，只有鸟语花香，没有尘嚣市扰。《太平清话》："李德茂环积坟籍，名曰书城。"我想那书城未必能和楬木庐相比。在这里，所有的图书都是放在玻璃柜里，柜比人高，但不及栋。我记得藏书是以法文戏剧为主。所有的书都是精装，不全是胶硬粗布，有些是真的小牛皮装订，烫金的字在书脊上排着队闪闪发亮。也许这已经超过了书房的标准，微近于藏书楼的性质，因为他还有一册精印的书目，普通的读书人谁也不会把他书房里的图书编目。

周作人先生在北平八道湾的书房，原名苦雨斋，后改为苦茶庵，不离苦的味道。小小的一幅横额是沈尹默写的。是北平式的平房，书房占据了里院上房三间，两明一暗。里面一间是知堂老人读书写作之处，偶然也延客品茗，几净窗明，一尘不染。书桌上文房四宝井然有致。外面两间像是书库，约有十个八个书架立在中间，图书中西兼备，日文书数量很大。真不明白苦茶庵的老和尚怎么会掉进了泥淖一辈子洗不清！

闻一多的书房，和闻一多先生的书桌一样，充实、有趣而乱。他的书全是中文书，而且几乎全是线装书。在青岛的时候，他仿效青岛大学图书馆庋藏中文图书的方法，给成套的中文书装制蓝布面，用白粉写上宋体字的书名，直立在书架上。这样的装备应该是很整齐可观，但是主人要作考证，东一部西一部的图书便要从书架上取下来参加獭祭的行列了，其结果是短榻上、地板上，唯一的一把木根雕制的太师椅上，全都是书。那把太师椅玲珑帮硬，可以入画，不宜坐人，其实亦不宜于堆书，却是书斋中最惹眼的一个点缀。

潘光旦在清华南院的书房另有一种情趣。他是以优生学专家的素养来从事我国谱牒学研究的学者，他的书房收藏这类图书极富。他喜欢用书榐，那就是用两块木板装一套书夹起来，立在书架上。他在每套书系上一根竹制的书签，签上写着书名。这种书签实在很别致，不知杜工部《将赴草堂途中有作》所谓"书签药里封尘网"的书签是否即系此物。光旦一直在北平，失去了学术研究的自由，晚年丧偶，又复失明，想来他书房中那些书签早已封尘网了！

汗牛充栋，未必是福。丧乱之中，牛将安觅？多少爱书的人士都把他们苦心聚集的图书抛弃了，而且再也鼓不起勇气重建一个像样的书房。藏书而充栋，确有其必要，例如从前我家有一部小字体的图书集成，摆满上与梁齐的靠着整垛山墙的书架，取上层的书需用梯子，爬上爬下很不方便，可是充栋的书架有时仍是不可少。我来台湾后，一时兴起，兴建了一个连在墙上的大书架，邻居绸缎商来参观，叹曰："造这样大的木架有什么用，给我摆列绸缎尺头倒还适用。"他的话是不错的，书不能令人致富。书还给人带来麻烦，能像郝隆那样7月7日在太阳底下晒肚子就好，否则不堪衣食之扰，真不如尽量地把图书塞入腹笥（sì），晒起来方便，运起来也方便。如果图书都能做成"显微胶片"纳入腹中，或者放映在脑子里，则书房就成为不必要的了。

人生感悟

现在很多人喜欢在家里摆设书架，可那只不过是家中一道风景而已，书一上书架就被贴上只供远观的标签。书不应被遗忘在角落里，而要让它们永远释放出迷人的芳香——建书房是必要的，将书的内容"纳入腹中"更是必要的。

我的"南书房"

从发表的文章中，看到许多诗人、作家给自己的书房所取的雅号。名之曰"斋"，名之曰"堂"，或以"室"名之。从这些名号之中，可以窥见主人的情趣、性格、胸襟和生活情境。

我有书室但没名号。小小四合院，南屋三间，是我用以藏书的，如果赐以嘉名的话，可以称为"南书房"。我住北房，会客室内有书一架，寝室兼写作间中，四架书占去了我的"半边地"。床头上的书高达二尺，两相排挤，如果塌下来，面部有被砸伤的危险。

　　我学识浅陋，但嗜书如命。藏书不足万卷，读的少，用上的更少。像《四部丛刊》《资治通鉴》《二十四史》这样一些大部头书，以及曹未风、朱生豪的两套《莎士比亚全集》……长年置之高阁，无力光顾。自己是搞文学创作的，但特别喜欢古典文学，所存诗词歌赋诸方面的名作与论著，为数不多但也不少。《全唐诗》《全宋词》以及诗词的古今选本，大致也备有。鲁迅、郭沫若、茅盾、闻一多诸先辈的全集，宝而存之，学而习之。专家友人赐赠的各种专著，也为数可观。我枕边的书，种类繁多，不时调换，大体不出诗文范围。

　　因为爱书，所以喜欢买书。解放初期，常跑隆福寺修绠（gěng）堂寻书，有的书店每周派人骑车送书到门。我买书很杂，古今都有。我对《红楼梦》只读了三遍，毫无研究，但有关这方面的书买了不少。两种残本影印本，我不惜高价购来。怀素的《狂草》，一买两本，记得每本27元，一本送了一位书画家朋友。名著《管锥篇》，先后买了两部……这些书，内容博大，只翻了一下，就放在书柜里去以待来兹了。我想，书就是朋友，虽然有亲有疏，有熟有生，可都牵动着我的感情。有些书，虽然一时没时间去拜读，但翻一翻，抚弄一下，就自然发生一种亲切之感。古人爱剑，"一日三摩挲，剧于十五女"，嗜书之癖，也有点儿仿佛。书房，是精神宝库。多给宝库增光生彩，不也使自己精神上发生富有之感而自足自乐吗？齐白石老画家不是刻石自鸣得意"三百石富翁"吗？

　　我的"南书房"，是个杂货店，古的今的，中的外的，纷然杂陈。有40多年前重庆版焦若枯叶的糙纸本，也有香港现代化光亮的道林本……这些书，有平装，有精装，有线装多本成套的，也有长仅四五寸的袖珍本。但绝无宋版，明版的仅有而已。学写诗文，已六十年。时间用在读书上的太少，更谈不上研究了。在山东大学读中文系，四年间，只标点了一部《四史》，时过境迁，几乎全淡忘了，今天还记得的甚少甚少了。

　　自己读书极少，腹内空乏，上了年纪，大家都以老专家看待，使我汗颜而内疚。所以，不顾年过八十，以补课心情，勤学苦读，无奈精力已非青壮年时矣。看书过一小时，即目茫茫而头昏昏然了。晚上，孤灯伴读，读到会心之处，灯光也为之灿然。我十九读古，但读古绝不泥古。我钦佩古代一些大诗人、大作家，但绝不迷信他们，盲目崇拜。凭个人六十年创作的甘苦经验，去欣赏、评论、印证一切古人的作品和诗论、文论，偶有一得之见，也不肯多让。

心里虽不服老，而精力确实已不逮了。首先感觉到记忆力锐减得惊人！我读书是十分认真的。句句画蓝线，外加红笔标记，偶尔写上几个字以表意。所以，我读过的书，全可以复按。可是呵，今天读得很熟，明天却成为陌生的了。虽自恨，但无可奈何，从小背熟了的诗文，忽然忘掉了其中的名句，久思不得，怅惘至极！有时写些评论性质的文章，找一本参考书费几个小时，急得满身大汗，神疲力倦，写作佳兴顿然消失，颓然而卧床上了。

有的书，我寝室的书架上遍寻不得，就叫我的小女儿——公家派给我的"助手"，作为"南书房""行走"，去南三间查找，因为不少书没有严格分类，去找书，也不是手到就可以擒来的。

珍惜自己的书，视之若良朋好友。过去，我的书柜的玻璃上，经常贴着一个纸条，上面大书："概不出借"，下边缀条小尾巴"！"。这不是我吝啬，实为经验所苦。有人借去我的《元曲选》，去时三大本，回来只剩两本了，这部书等于报废了。还有一次，我的一本精装厚封面书，借出去时，完整可爱，还回来时，底封已经牵牵连连地几乎要离开它的母体了！我很伤心，不愉快还不好出口。从此，虽至亲好友，用一张小条子封住了他们的口。

年已八十有三，岁月已无多了。买书的雅兴锐减了。书多了，没处放。好些当时极为喜爱、得之而后快的著作，迄今闲散置之，打入冷宫。当然，从报刊的消息上，看到心爱的书目，还难免心为之一动。吴之振的《宋诗钞》，久久心向往之。四五年前，从一个图书室借了来，抄下选目，浏览一遍，才怅怅璧还了。最近知道此书已由中华书局出版了，我也放弃了购买的念头。心下自慰地想：已经熟读了钱钟书同志的选本了。

四五十年来，文朋诗友的赠书，总计起来，至少可以插满三四书架。经过抗日战争，经过浩劫十年，多数已化飞灰；纸上的字，一字一滴血；纸上的句子，句句是友情啊！这三五年来，每年收到许多文友的著作，多时一年近百本。今天巡视书架，有好几位我尊重而又亲切的文坛前辈亲手签名的赠书，宛然在目，而他们人却已经作古了。

我不自禁地做此遐想：我爱我的"南书房"，我爱我多年苦心痴心累积起来的这为数不多的书，后来又将归于谁手，流落何方呢？再一想，个人的命运与归宿尚不能预卜，又何必想得那么多、那么远呢？

人生感悟

一个嗜书如命的人，他的见识和学问必然不浅。倘若我们能像作者那般痴爱读书，相邻也能受益颇多。在书房里静静地读书，在现实中细细地品味生活，正所谓"读万卷书，行万里路"，书读得多了，我们的人生就会渐渐丰满起来。

我的书房

我在家的时候经常躲进自己的书房里。我就在书房主管家中的一切事务。我坐在门口处，下面的花园、饲养场、院子，以及本寓所的大部分地方尽收眼底。我在书房里有时翻翻这本书，有时看看那本书，不做严格的安排，也无一定的计划，多方涉猎，随兴之所至。时而沉思默想，时而一边踱步，一边将自己所想的记录下来加以组织，便形成如下的文字。

我的书房设在塔楼的三层。底层是我的小礼拜堂，第二层设置一个房间，其旁为附属的居室。为了安静，我经常在那里歇息。卧室之上有一个藏衣室，现已改做书房。从前那是屋里最无用的地方，现在我一生的大部分日子，我一天的大部分时光都在那里消度。晚上我是从来不上那里去的。附于书房之侧的是一个工作室，相当舒适，冬天可以生火，窗户开得挺别致。要不是我担心破费（这种担心使我什么事都做不了），便不难建一条长100步、宽12步的与书房相平的长廊，将各处联结起来，因为全部围墙已现成存在，原先是为其他用途而筑的，高度正符合我的要求。隐居之处都得有散步场所。如果我坐下来，我的思路就不畅通。我的双腿走动，脑子才活跃。凡是不凭书本研究问题的人都是这个样的。

书房呈圆形，只有我的桌子和座位处才成扁平面。全部书籍，分五格存放，居高临下地展现在我的面前，在四周围了一圈。书房开有三扇窗户，窗外一望无际，景色绚丽多彩，书房内有一定的空间，直径为16步。冬天我上书房不如平时勤：因为我的房子建于山丘之上，就像我的名字所指的那样，没有别的房子比它更招风的了。我倒喜欢它位置偏僻，不好靠近，无论就做事效果或摆脱他人的骚扰来说都有好处。

书房就是我的王国。我试图实行绝对的统治，使这个小天地不受夫妻、父子、亲友之间来往的影响。在别处，我的权威只停留在口头上，实际并不可靠。有一种人，就在自己家里，也身不由己，没有可安排自己之处，甚至无处躲藏。我认为这种人是很可怜的。好大喜功的人，像广场上的雕像一样，无时不爱抛头露面。"位高则身不由己。"他们连个僻静的去处也没有。某些修道院规定永远群居，而且做什么事情众人都得在场。我认为，修士们所过的严格生活，最难熬的要算这一点了。我觉得经常离群索居总比无法孤独自处要好受一点。

　　如果有谁对我说，单纯为了游乐、消遣而去利用诗神，那是对诗神的大大不敬，那么，说这话的人准不像我那样了解娱乐、游戏和消遣的价值。我禁不住要说，别的一切目的都是可笑的。我过着闲适的日子，也可以说，我不过为自己而活着，我的目的只限于此。少年时候，我学习是为了自我炫耀；后来年岁渐长，便为了追求知识；现在则是为了自娱，而从来不曾抱过谋利的目的。

人生感悟

　　蒙田的"我不过为自己而活着"，其实是一种精神追求，而书房则是他坚定的圣地。有些人总觉得活得很累，因为他们在追逐功利时迷失了自我。是的，一个人如果没有寄托和追求，那他只能成为别人主宰的对象。只有占领一片精神圣地，才能实现人生的"逍遥"。

附录一　快速读书法简介

默读是一个起点

阅读分有声阅读和无声阅读（即默读）。学生往往习惯于有声阅读。虽然小学生用声读法来学习语言和文字的正确发音是必要的，而且只有经过声读法才能掌握正确的阅读法，有时在朗诵诗歌和文章时也一定会用声读法，但是对于学习快速阅读者来说，默读是一个起点。

有声阅读是眼、脑、口、耳四个器官的共同活动。文字符号反映到眼睛，经过视神经传到大脑，大脑控制嘴巴发出声音，声音通过耳朵经听觉神经再传给大脑，达到监听的作用，这样的结合虽有加深理解和促进记忆的作用，但速度慢。

有声阅读的弊端是阅读速度受到说话速度的制约，而大多数读者的默读速度几乎要比说话速度快两倍。

默读是大脑对文字的思维反映，只运用眼睛和大脑两个器官，从而理解文字的意义。整个活动在人脑内部默默进行，省去了口的发声和耳朵的监听，因而速度快得多。

这就是所谓的"眼脑直映"，即眼睛注视文字后，视觉信号立即输入大脑而得到反映。"眼脑直映"过程简单，因而速度快。

美国阅读专家胡佛，曾以20名大学生为对象来研究速读。他发现：这些学生以通常的速度默读时，平均每秒可读5.63个字，声读却只能读3.55个字；这些学生以最快的速度阅读时，默读平均每秒可读8.21个字，声读却只能读4.58个字。

日本速读专家松尾长造，同样以大学生为对象来研究。这些学生读240个无意义的片假名，默读平均需花67.2秒钟，而声读平均需花80.1秒钟。这些学生再读240个有意义而且带汉字的片假名，默读平均要花25.1秒钟，而声读平均需花42秒钟。

实践证明，默读速度比声读速度要快，所以快速读书者都采用默读。

阅读时出声虽然是一般人常犯的毛病，但是经过自我约束，多数人是能够做到无声阅读的。不过，出声阅读还以其他不同形式表现出来。

唇读，即嘴唇微动的读法，虽然不发出声音，但它与声读法一样会影响阅读速度。日本阅读专家曾以小学三至六年级的学生为对象来实验，结果显示：读240个带着汉字的片假名但含有意义的一段文章，唇读法平均读49秒，嘴唇紧闭时平均读45秒；换成平假名而同样的一段有意义的文章时，使用唇读法平均读64秒，嘴唇紧闭时平均读53秒。

因此，嘴唇的运动会影响阅读速度。阅读时采用闭口的方法，能消除唇读的毛病。如果唇动已积习很深，阅读时可在牙齿间衔一枝铅笔或是一根筷子，直到纠正唇读的毛病为止。

舌、喉和声带的活动都是不易觉察的毛病，也要注意克服。如果下巴底下的那块肌肉在动，这是舌在动；用手指触摸声带部位，就很容易觉察到喉头的颤动和声带的振动。

心读是最难以觉察的出声阅读的形式。这是读者在内心深处始终自言自语，清晰地发着并听着每个字的字音。每分钟阅读速度低于250字的读者，不少是在心读。读者完全可以用意志来克服心读的毛病。当然，如果能主动地强制自己去理解内容和加快阅读速度，那也就无暇心读了。

要改变逐字阅读的习惯

我们平时阅读，是逐行逐字地从左到右或从上到下地看过去，由于方法不对，使眼睛的功能受到很大的束缚。这种速度和平常说话的速度相差无几，而且从印有铅字的纸上获得完整的意义，要比听话困难得多。

逐字阅读的习惯，大概是祖传的。古人读书要求心到、眼到、手到、口到；古文要求字字吟诵，句句批注，乃至背诵。幼童的启蒙教育，也都是借朗读来诵书识字的。这种现象代代相传，大多数人自然就养成了逐字阅读的习惯。

在学习快速阅读的时候，这种拣豆式的阅读方式必须改变。事实上，我们一眼能看清的远不止是一个点，而是一个面。当我们看一张熟悉的脸，只需一瞥，就能认出是谁。走进公园，立即就能分辨出花、草、树、木、亭、台、楼、阁。就像照相机可以在几十分之一秒，甚至几百分之一秒中将景物一丝不漏地摄入镜头一样，人眼完全可以在极短的时间内将几行、十几行以至整页的文字映入脑海。

其实，每个人都有速读的体会和经验。不妨将视线投向身边的报纸，即可证明在一瞥之下，也能轻而易举地看到三五个字，甚至更多。那么，为什么要墨守成规地限定自己逐字阅读呢？

人在阅读时，眼睛只能处于两种状态：即固定状态和移动状态。眼睛只有处于固定状态时才能感知文章的内容。人眼一天所固定的次数可达10万次。读者在看书时，眼睛每小时停留在书本上的时间约为57分钟。

因此，提高阅读速度的实质，就是要提高眼睛在停顿的单位时间里接收的信息量和减少眼停的次数。

在阅读过程中，眼睛在一行字上移动时要作几次停顿，这时就能悉知文字内容。当视线从一个停顿点向下一个停顿点移动时，眼睛没有在阅读，而是在做无用功。如果逐字阅读，那么要用十几个以至二十个注视停顿，才能完成一行字的阅读。而同时，眼睛还须做对于阅读是浪费时间的20次移动动作。

如果将眼睛的注视停顿放在几个字的中间，争取一瞥之下能同时理解停顿点左右两边的几个字，吸收一个字群或有意义的意群，这样只需用三四个注视停顿，就可以阅读完一行字。眼睛移动的时间减少了，眼停时单位时间内的阅读字数增加了，阅读速度就显著提高了。

逐字阅读使眼停次数多，且花费时间，因为字、词不表示一个完整的意思，读者按只能独立的字义或词义来进行思考，"只见树木，不见森林"，也影响对文章内容的理解。

如果一瞥之下多看几个字，一次眼停看一个字群或意群，整体地理解，既减少了眼停的次数，也加快了理解，阅读速度自然提高，这如同"全景摄影"扩大了范围。

人眼视线的清晰区为15°角，最大视力区为35°角（包括余光区），具备发达的余光区就能扩大视距（眼停时认知的字数），而视距可以通过训练加以扩大。

所以，只要坚持训练，人人能够改变逐字阅读的积习，养成眼睛沿书页的中心向下垂直运动的新的阅读习惯。

附录一 ◆ 快速读书法简介

预读的作用

外出旅游最好先翻看旅游指南，以了解名胜古迹所在地，以后不至于迷路。同样，预读在于先抓住一本书或一篇文章的重点，以便在正式阅读之前，对全文有个整体的概念，了解作者的意图，弄清作者想解决的问题，了解文中的人物、时间、地点、体裁、主要事件和情节。

快速地把全书翻阅一下，粗略地涉猎一下这份材料，可以了解全书的大意，包括字数、页数及各章节。重新评估自己在本书主题上原有的知识和对作者的认识，熟悉全书的重要人物、地名、常用术语及资料范围，留心一下插图及引用的重要数据。

请注意封面、封底，记住书名、作者、页数、出版日期等。看清第一章以前的资料，如序文、前言、作者的话、目录、综述性段落及参考资料。注意其他对阅读有帮助的资料，如所有章节标题及附录，列出条目的材料、图片和表格。

预读正文时可采用重点速读的办法。每一章节先看它的开始两大段，接下来看每段的第一句话，最后看末尾两大段。预读论文报告时要注意结论及每段头尾数句的重点句。如果是英文信件，则必须看清倒数第二段。

预读对于应付大篇幅文字，以及又长又深奥的材料很有帮助。如对冗长的杂志、报刊文章、商业报道和写实报道之类进行预读其作用就特别显著。它虽然不能给你每一个细节，不过能节省你的时间，可以使你比一般人少用十分之九的时间，而获得将近一半的信息，使你能发现那些你不想看或者不必看的部分和内容。

预读的作用在于明了全书的概念，而不是要立即看懂书中的难点，只要知道大致上是怎么一回事就可以了。因此，通常速度是较快的。例如，一个学生也许只要3分钟就可以把一篇20页的文章的大意概括出来，因为他只要掌握有关文章整体的概要。

掌握关键字句

掌握关键字句能了解整体大意，这也是速读的诀窍。所谓关键字句就是对表达文章大意起决定作用的字句。如在日语的文章中，有许多关键字就是汉字，只要读汉字，就可掌握文章的大致内容。在汉语中，重要的名词或动词往往是关键的字词。看到一两个字词，有时整句话的含意就能猜出个大概。例如，看到"恨得咬"就可知道下面是"牙切齿"；出现"狗嘴里"，下面就很可能是"吐不出象牙来"等。

阅读时，使眼睛很快地在每行字上扫过，只要注意几个关键的字词。虽然每个人所注意的关键字词不一样，但每人所领会的原文意思非常接近。掌握关键字词对于从休闲读物，如流行杂志、报纸的娱乐体育栏中了解大致情况是个好办法。它能比你用一般方法看它们所用的时间少一半。此外，它还是复习以前看过的资料的绝好办法。

关键的句子也体现了文章的基本内容和思想。你首先应该阅读文章的开头两段，以了解全文的大意、背景以及作者的文体风格和语气，这有助于获得文章的整体。在后面的段落，你便只读关键句子，争取抓住段落大意，然后用眼睛粗略地扫视全段，挑出一两个重要的词、词组或数字。大意通常包含在各段开头的第一句中，有时大意也可能在一段的中间或者结尾处。结尾的几段因为经常含有总结性的内容，且关键句子较多，恐怕要读得更充分些。

留意文中的路标

文章思路和汽车行驶的公路一样，在一些重要处或有变化的路段旁，必然会出现一定的标记，以指示读者前进的路线，提醒读者思考，何时直驶，何处有急转弯，好让你事先有所准备，及时迅速地调整自己的方向，以适应文章思路的发展变化。因此，要保证你迅速而又稳妥地到达阅读的终点，就必须抓住作者的思路来进行阅读，十分留意文章中的路标，这样你才能读得既快又好。

哪些词是文章思路的路标呢？一般来说是些连词，偶尔也有一些词组，它们在文章中是那样的不显眼，以至于人们经常碰到而往往忽略了它们的信息作用。

这些词和词组有三类：一类是指示你快速直驶的词，你见到后可以放心地读下去；第二类词与此相反，将指示你改变前进的方向，警告你前面出现急转弯，请准备应变；还有一类是指示关键句的路标。

思路中指示前进方向的词，常见的有"同""与""和""同样""更是

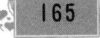

如此""此外""还"等，其中"和"用得最多，连接表示并列关系的两个或两个以上，或者是以一定顺序排列的意群。

下面，我们必须记住表示思路出现急转弯，提醒你改变方向的路标。如，"但是""可是""然而""虽然""尽管""否则""相反""无论""无论如何"等，其中"但是"最常用，对它所给予的警告必须十分留心。以上这些词都具有否定前面陈述的功效，告诉你前方引入一个与你读过的内容相反的意思。

"反而""纵然是""难道"等词，也必定要留意，往往是相反的说明。

最后，我们应该熟悉一下指示关键句段的路标，让你瞪大眼睛仔细瞧。"首先""目前""第一是""第二是"等，是起始处的联络语，它提示了关键句，往往是段落的要点。

"所以""因此""因而""于是""从而""结果"等会提醒你注意，这个观点可能很有分量，也许是对先前许多思想的总结，说不定还是文章的中心。因此，你看到这些词，要格外小心，这段话也许是在总结整篇文章。

"最后""总而言之""综上所述"等，是概括性用法，很可能是整段文章的结论，或标出大意，指示重点句段。

现在你熟悉了这么多在文章思路中起路标作用的词，那么你就在快速阅读中好好利用它们吧。经过反复实践，你就会懂得，留意文中的路标，是提高阅读速度和理解力的一种好办法。

建立阅读的新习惯

在打破旧的阅读速度、形成新的阅读习惯的过程中，采用简易读物最为有利。简易读物一般是讲解科学、文艺等百科知识或名人轶事的通俗小册子，浅显易懂，词汇量和句子结构都控制在一定范围内，有助于使读者形成流畅自如的阅读方式。读者在阅读中不必为不熟悉的词语或难懂的句子苦思冥想，相反地，他们会把阅读看作是愉快的艺术享受。这样，便于在速读中建立起阅读的新习惯。

在训练的初始阶段，先练习简易读物，以后逐渐用难度大的材料。这样，阅读者完全可以"放任"自己的眼睛，用一种过去不曾有过的速度扫视每一行字，有意识地迫使自己的眼睛尽快扫过每一行字，要努力快速地移动眼睛，加快汲取文字意义的思维频率，训练出异乎寻常的速度和敏捷的思维，才能快速理解、快速记忆，才有可能建立起你所渴望的快速阅读的新习惯。

在这一阶段，你要注意先抓速度，不能因理解程度而影响你的阅读速度。要坚持高速，不管你对每个句子的意思理解得怎样，都应大胆地让自己读下去。初始阶段的重点，就是要使自己能适应一种全新的阅读节奏。

当然，假如经过一段时期的练习之后，你的理解力仍然跟不上，那么你就应该抽出一定的时间，专门进行理解力方面的训练。而在进行训练时，如果遇到不认识的词语或不懂的句子，你还是要立即跳过去，继续往下读，也许当你读完后面的内容，这些难懂的词句的含意也能知晓了。

如果有很多不识的词语，本来通畅无阻的阅读思路必然会出现堵塞现象，速度自然减慢，理解力将会"超负荷"。对关键词的误解或忽视，也许还会改变一句话、一段文字、甚至整篇文章的意思。所以，词汇量在阅读中也占有重要地位，增加词汇量有助于阅读速度和理解力的提高，因此必须加强平时的训练和积累。

在阅读中，根据上下文来猜测词意是个好办法。汉语是表意文字，字形与字义有紧密联系，有时根据字形可以猜出词义。汉语的词汇一般是由两个或两个以上词素依据一定形式构成的，有联合、偏正、主谓、动宾、动补等多种形式，根据构词方式往往可以推测词义。句子由许多词语按一定的关系组合，共同表达一个完整的意思，可以根据词语中句子的位置猜测词义。有些词语在前面的句子里是生词，但在后面的句子里恰好有关于它的解释，就可以在上下文的联系中寻找解释。有时相关的句子里使用同义词或反义词，用与熟词比较的方法便可以推知词义。

扩大词汇量最简易的办法，就是多接触词（即实际应用的词）。只要广读博览，不断接触新词汇，就一定能掌握好它们。

组读法与察读法

逐字逐词地阅读，视野和可感知范围十分狭窄。这样阅读的人，就好像戴有"眼罩"的耕牛一样，只能一步步地爬行。而且，由于失去阅读的连续性，还不得不回过头来重新阅读已经读过的内容。这种阅读方法事倍功半，是快速阅读的障碍。

组读法教你怎样一次看一组字，而不是一个字。这种阅读不戴"眼罩"，追求的是"全景视觉"，即一次注视一个字群或者一个意群，甚至整段文字。

当然，这要有个过程：首先，由逐字认读到逐行认读，其中也由逐字到逐词，由逐词到逐句，再由逐句到逐行；其次，由一目一行到一目两三行，以至一目十行，最后甚至于一目看整页书。

速读作为一种快速而有效的阅读技巧，从某种意义上也可以说就是组读（包括意群阅读和字群阅读）。所以说，组读是快速阅读最基本的技巧。

意群阅读就是在阅读时，不是一个字一个词地读，而是把词义相关的词，联成一个较大的意义单位，一组一组地视读，边读边理解。

例如，可用下面的方法来组读《培根致友人书信》中的文字：

我写书不是为了消度空闲时间和供人们娱乐和消遣，我所关心的是人类生活中的各种问题和困难。这乃是我愿意借助于正确和健全的理智思考来加以改进的。

字群阅读是指一次看三个字以上，而不是逐字阅读。这个过程就是将视线投射在书页上的范围，从单一的点（一个字），扩大到数点串联的线（一行字）以至面（数行字），也就是从"点状阅读"，改进成为"线状阅读"，最后达到"面状阅读"。

例如，请你用原来的方法，逐字阅读以下一段文章，并请计时。

读书能给人乐观、文雅和能力。人们独居或退隐的时候，最能体会到读书的乐趣；谈话的时候，最能表现出读书的文雅；判断和处理事务的时候，最能发挥由读书而获得的能力。那些有实际经验而没有学识的人，也许能够一一实行或判断某些事物的细微末节；但对于事业的一般指导、筹划与处理，还是真正有学问的人才能胜任。

以上文章节选自《培根随笔选·论读书》，共150字。假如你平均每1/10秒能看懂一个字，那么，一分钟你就可以读600字，这样大约15秒钟可以读完这段文字。

现在，你尝试一次看3个字，开始可能你的眼睛会觉得不习惯，认读反应可能会慢些。假若你平均每1/5秒能看懂一个小字群（3个字），那么，一分钟可以读900个字，速度明显加快了。

如果你一次能看12个字的大字群，平均需1／3秒时间，那么，你一分钟可以看2000字左右了。当然，未经训练而一下子要看12个字，似乎不太可能。不过，等你读完这本书，再来看这段文字，也许你将会有出乎意料的收获。事实上，经过训练，一次看12个字是不困难的。

组读法（包括意群阅读和字群阅读）的优点是：

一、减少了眼停的次数（由20次左右减少到几次），因而直接提高了阅读速度。

二、把句子划分成为数不多的意群或字群，便于理解词语间的语义联系，有利于缩短"眼脑直映"的时间。

察读法是在阅读时抓住读物中某些资料，从片断中得知其内容的速读方法。好比是作战演习的地形侦察，对陌生的文章或著作迅速审察一下，以便迅速了解读物在讲些什么，是否有自己想知道的知识。或者经过察读，在一大批书中迅速检索出对自己有用的信息和资料，以供进一步阅读用。

察读时要看书名或文章的题目、前言等综述性文字；扫视篇章节的大标题、小标题，斜体、黑体或有着重号的部分；看列成条目的材料、图片和表格，并推知全文内容；了解文章的字数、页数、作者及其在论题中的知识水准。

察读法似乎同预读有些相似，但它比预读速度更快，意在综观全文，了解作者的意图和要解决的问题，得到一个总体印象即可，旨在为进一步阅读作些准备，或排除不必阅读的书籍、文章或部分段落。

为了速读，掌握察读的技巧十分重要。这是一种能在同一类或各种文章、书籍中，迅速找到自己急需的知识的审察技巧，也是排除不必读的材料的一种筛选手段。

浏览法与略读法

浏览法是迅速了解一本书的大意、判断其价值的简易方法。请记住书名，浏览前言、目录、副标题、图片说明和其他总结性资料；略读全文，以了解内容大略；凡引起你注意的地方都浏览一下；寻找作者观点，了解作者准备如何解决问题，并唤起自己的兴趣，提出自己的看法；看结束部分，并对全书内容作出自己的判断。

但不必注意细节，仅得知文章大略和表面意义即可。浏览能对自己要读的材料有个大致了解，也能提高理解力和记忆力。

鲁迅很欣赏浏览法，随便什么书，都拿来翻一下，看看序言，读几页内容。在繁忙的工作中，他每天要浏览不计其数的书报杂志。

狄慈根也经常在读书时，先浏览好多页或好多章，然后才从头重新读起，以求获得书中的精华。

经常去图书馆、阅览室，养成浏览的习惯是有益的。可以浏览报纸、杂志、小说等读物，浏览自己感兴趣的东西，扩大自己的知识面，从中得到语言艺术美的享受。训练有素的浏览者的阅读速度可以达到每分钟3000字左右。

略读法是在阅读过程中，有选择地略去某些部分不读和有意识地降低理解水平，以期有较快速度的速读法。

略读时，读者应该先以最快的普通阅读速度看开头的一二段，以了解全文的大意、背景、作者的文体风格和语气。开头一二段的介绍，有助于读者获得文章的整体概况。第一段里往往包含对全文的介绍或概述。不过，有时介绍或概述包含在第二段里，在第一段里，作者也许只说了一些引导性的话，或者说些机智的话来引起读者的兴趣。

在以后的段落中，你便只读关键的句子，然后扫视全段，抓住关键字、词，争取把握段落大意。大意通常包含在各段的第一句话中，有时在一段的中间或结尾处。为了节约时间，要大胆地将次要部分略去不读。

记住要保持高速阅读，每分钟要读800个字。不要担心，把每段的一半，甚至更多部分略去不读会漏掉一些情节。这样做是对的。不要因为对内容感兴趣就开始逐字阅读，那样提高不了速读能力。为了提高读速而减低了理解水平，这是预料之中的事，也是速读要求所容许的。

结尾的几段因为经常含有总结性的内容，所以要读得仔细些。

略读的重要性在于要以很快的速度，获得作者的主要观点，掌握全文内容的概略。学习略读技巧时，应先确立一个要达到的目标，这大约4倍于读者的最初阅读速度。假如你原先每分钟读200个字，就应该确立一个每分钟读800字的目标。

对于学习略读有困难的读者，可以连续多次略读同样的文章。这样的重复练习，往往对提高读速有所帮助。如果用重复略读法，就必须进行理解性测验或写出文章的大意或细节，并记录阅读时间，推算出阅读速度。

寻读法与总伸阅读法

寻读法是从某些特定内容的书籍中，迅速摄取自己所需资料的一种速读方法。读者往往是"带着问题"去阅读，并从阅读材料中吸收和制作自己所需要的知识。

我们生活在信息社会，每本书都全文通读，既无必要，也没可能。寻读就能使你从多如瀚海的资料中发现"真金"，并创造出最具个人特色的新的知识结构。

我们在平时的工作、学习、研究和写作中，常常需要查考人名、地名、典故、数据等资料，除了查阅专门的工具书以外，还要从大量书刊中寻找，这就需要寻读。

寻读时，两眼扫过书页，以最快的速度从文章中披沙拣金，发现和寻找你期待得到的某些问题的细节，如某个人名、地名，某件事发生的年月，或作者的论点、论据及重要的数据和其他有关的资料。

在查阅某单位或某朋友的电话号码时，要很快地在电话簿中翻到可能查到的地方，这也需要寻读。此外，查看火车时刻表，去图书馆翻阅书名目录、书籍的著者姓名、著作日期，或翻找本市一个月内电影院排片的一览表等，都要用到寻读。又如你想买一台洗衣机，一份出售洗衣机的广告上刊有许多产地、型号、功能、价格各不相同的各种洗衣机，假如你要买一台价格合理、功能适用的，那么你可先从价格上寻读，找出几台你认为价格合适的，然后再从功能上比较，选出最恰当的那一种购买。

总体阅读法在阅读时，能将整篇文章作为一个总体来阅读，即为总体阅读法。它的理论依据是"定势理论"。

定势现象告诉我们，当某事物在脑子中形成定势以后，如果经过多次反复出现，就会使不断变化的状态变成一种固定不变的形象。人所形成的这种习惯性的固定概念，在以后就可以不假思索地加以利用。比如，一张人像图，上边有两个人物，一个是老太太，一个是青年妇女，都是很真切的。但一般不能同时看清这两个人物形象。如果第一眼看到的是老太太，老太太的形象在你脑子里形成了定势，再去找青年妇女的形象就十分困难；反之，如果第一眼看到的是青年妇女的形象，青年妇女的形象在你脑子里形成定势之后，再去找老太太的形象也相当困难。这说明了定势所起的作用。

大脑在阅读过程中接受信息时，具有明显的选择性，处理信息也能遵守严格的程序。阅读速度同样取决于大脑在对得到的信息重新编码时，能否采用简便易行的方法。根据"定势理论"，我们可以运用总体阅读法，要求在阅读时对所需信息进行分类，分类的七个方面，阅读前就必须牢记。这七点内容如下：①书名或标题；②作者或译者；③出处及发表时间；④基本内容和数据；⑤涉及的重要事实；⑥特点、争议之处和批评意见；⑦文章的新思想、新观点、实施的可行性及启示。

由于这七点内容包括了一般读书、甚至搞科研时所要寻找的内容，不单要记忆，还需要思考，吸取有关信息，略过无关内容，因此不仅速度快，而且效率高，理解深。

总体阅读法的优越性在于：

一、使无条理的阅读过程，成为明确而又连贯的固定程序过程。

二、读者主动地分解读物内容，加快了理解和记忆。

三、使阅读过程简化，将读者注意力集中到有用的信息上去。

快速精读法

快速阅读法是一种减少处理信息材料时间，更有效地阅读有用部分，切实提高阅读效率的方法。

先读一条信息：以美国普林斯顿大学、斯坦福大学，英国剑校大学为代表的十多所大学的心理学家、语言学家和脑科学家成立了一个专门研究阅读和记忆的小组（Plan of Speed Reading,简称PSR小组），致力于英语快速阅读计划研究。我们熟悉的《新概念英语》《新英语教程》等都不同程度地汲取了PSR小组的研究成果。PSR小组的研究已经在美国教育界结下了硕果。他们给学生出一题目，然后让学生各自去寻找资料。在图书馆里，美国的学生浏览大量的资料，然后用自己的创造力和想象力完成题目。美国一个10岁的小男孩,他为写这么一篇作业竟然阅读了数百本书。他的论文令人惊讶不已。一个资质平平的小男孩如何能在短短一个月内阅读数百本书?而他竟然还不像我们的小学生那样紧张。原因就在于,美国的学校教育是授之以渔而不是授之以鱼。

美国学校教育授给学生的"渔"是什么呢?就是快速精读和记忆英语的方法。

人类已经进入了信息时代,我们急需尽快获得各种资料,成倍提高工作效率和学习效果。而绝大多部分的学习是通过阅读开始的。调查表明,普通人的阅读速度在每分钟300~800字之间,速度慢,效率低。因此,如何获得正确的阅读方法已成为我们获取知识、攫取力量的当务之急。

美国未来学家阿尔温·托夫勒曾经预言:"21世纪的文盲不是那些没有知识的人,而是那些不会学习的人。"随着知识经济的迅猛发展,书籍呈几何级增长。落后的教育模式和学习方法已不再适应时代的需求。知识经济需要大批能不断更新知识,高效率获取资讯的人才。

如果我们能运用正确的阅读方法,将普通人的阅读速度提高到每分钟2000~5000字,做到一目十行,过目不忘,提高阅读效率,那么我们就能够不断更新知识,不断获取力量,在激烈的竞争中立于不败之地。

于是快速精读法应运而生。什么是快速精读法?快速精读法就是从文章中迅速提取有用信息的阅读方法。使人们以高于常法五倍的速度灵活、迅速地掌握知识。它不但追求时间上的快速游览,而且注重效率,要求积极的创造性的理解文章,要求读者在实行快速阅读的过程中,充分运用已有知识,对文章中提到概念进行综合处理,对有关事实和结论进行分析甄别,从而掌握所读材料的主要信息,形成个新的知识结构。

人们都有这样的经验,一件难记的事情或一道难解的数学题,若是你有意识地向别人讲述几遍,就能大大地加深印象,易于记住或理出头绪。恐怕这个经验教师最有体会,教师讲课时,为了向学生说明白,脑筋在紧张地活动,所讲的知识在这个过程中得以强化,并得到了整理,使其条理化、清晰化了。快速阅读法正是根据这个原理展开学习的。

快速阅读法是美国教育学家比尔·科斯比和前苏联著名学者奥·库兹涅佐夫等人提出,并在实践中不断丰富和完善的方法。近年来已在美法日

附录一 ◆ 快速读书法简介

等国推广使用。

一、快速阅读法特点。

它可以减少处理信息材料的时间,更有效地阅读有用的部分,切实提高阅读效率。

1. 注视点少。一般来说,在每页上只有十几个甚至几个注视点,而且呈现Z字形分布,或者从左边下来,右边上去。

2. 眼停时间短。

3. 回视消失。回视是一种重复运动,它使眼睛局限在刚刚读过而没有准确理解的某个词上。这不仅极大地限制了阅读的速度,也对内容的理解易于支离破碎。

4. 抑制发音。快速阅读限制了发音器官的活动,对文字信息进行直接加工的是视觉。这有利于形成眼脑直映,帮助读者较好地把握全文的意思。

5. 方式灵活。快速阅读者能根据自己的需要、目标和任务,灵活地选取不同的方法,正确地理解文章,获得所需的有效信息。

二、快速阅读法的三种方式。

1. 跳跃式阅读。指读书时不要逐句逐段,而是跳跃式开头、读领头句、读结尾。

2. 扫描式阅读。即阅读时视线要垂直移动,"瞄准"重要字词语便行。

3. 组合式阅读。即群读。

三、掌握快速阅读方法。

掌握快速阅读法最重要的是克服声读、点读,培养"脑眼直映"。

1. 要养成良好无声默读的习惯。无声默读和有声阅读是相对应的。我们都知道,有声阅读是眼、脑、口、耳四个器官的共同活动,有益于加深理解和促进记忆,但阅读速度受到发声速度的制约,速度相当慢。而默读只运用眼睛和大脑两个器官,"眼脑直映",眼睛注视文字后,视觉信号立即输入大脑而得到的反映,是大脑对文字的思维反映。整个活动在人脑内部默默进行。

2. 正确使用眼睛。坚决杜绝回视,即使对某一句或某一段落不明了,也要在把全文看完整后,再复习不懂的地方。

3. 杜绝逐字逐句阅读。逐字逐句阅读是一种浪费，即使阅读材料内容特别好。

4. 集中精力。"眼脑直映"的原理告诉我们，阅读的器官只是眼睛和大脑而已，阅读时不应有除眼部肌肉和脑力的紧张活动之外的任何外部运动。

5. 变化阅读速度。在阅读的实践中我们要分清哪些材料是需要精读的，哪些材料是可以速读的、对于需要精读的材料要采取比较慢的阅读速度，对于速读材料只要把握住文章的大意就可以了。

快速阅读有它固定的程序，其目的是规范阅读过程，迅速找到有用的信息，提高阅读效率。阅读固定程序包括以下七个项目：书名；作者；出处和出版时间；文章的基本内容；文章所涉及的重要事实；文章在写作上的特点；有争议之处或自己的不同见解以及文章的新思想及读后启示。

快速阅读不排斥精读，精读也不是慢慢地读，有时两者是相辅相成的。有一位成功受益者就认为：在用这种方法学习时，先不要求完全理解，而是拿到教材后，直接根据目录和提示，调动自己已有的知识，猜测性地作"自我讲授"，讲完后才打开书本，进行第一次通读。第一次通读可以检验第一次"自我讲授"的不足之处，谬误所在都会"跃然纸上"，使你体会颇深。然后你就可以用自己的语言编制出一张适用的"目录一览表"，对照它进行第二次"自我讲授"，这次讲授会明显地感到自己比第一次更准确有条理。接着再通读第二次，这次通读会获得更深的感受。当你进行第三次自我讲授时，你会讲得更完善、更丰富，许多模糊的地方变得清晰起来，最后再来一次通读，可快速浏览，作一系统总结，感到知识都已清楚地反映在大脑之中。经过三到四个回合的"自我讲授、通读、精读、粗读"后，你就能得心应手地掌握所要学习的知识。

四、融会贯通，举一反三，触类旁通。

名教育家徐特立就说过："读书要贵在精。"但并不是所有书都要求精读，事实上也不可能，因为一个人的时间和精力都有限。精读的书适宜于那些名著，古今中外，大家都公认的好书。精读，是在精选基础上的阅读。

朱熹在《读书之要》中说："大抵读书，须先熟读，使其言皆若出于吾之口；继以精思，使其言皆若出于吾之心，然后可以省得尔。"这里"熟读而精思",即是精读的含义。也就是说,要细读多思,反复琢磨,反复研究,边分析边评价,务求明白透彻,了解于心,以便吸取精华。对本专业的书籍及名篇佳作应该采取这种方法。只有精心研究,细细咀嚼,文章的"微言精义",才能"愈挖愈出,愈研愈精"。可以说,精读是最重要的一种读书方法。

好书要精读、细读、反复读。所谓细读,就是一字一句地读,用红笔将该圈该点的地方画下来,精妙绝伦要记下来。有的很难懂,需要细细地研读。不要一口气读下来,也不要一目十行。就像一块好月饼,舍不得吃,一次尝两口,余味悠长。所谓反复读,就是要读几遍,翻来覆去地去读。如《红楼梦》《简爱》《红与黑》《三国演义》《西游记》《水浒传》,以及莎士比亚的《哈姆莱特》等。

好书多读几遍,还符合记忆和认识规律。中国文化典籍浩如烟海,看过的书若久不再翻,记得就不牢。因为人的大脑也会吐故纳新,新东西装多了,旧的东西就容易忘。孔子说过:"温故而知新","学而时习之,不亦悦乎?"有的要在书上做笔记。阅读的当时就记下感受。好记性不如烂笔头。有的书不但要多读几遍,而且还要背一些,如《诗经》《楚辞》《西厢记》《牡丹亭》等。

五、精读也要讲究方法。

一要细读书序(前言、后记、跋),了解著作者或出版的旨意及对该书评判,确定和选择阅读的方法、方向;二要通读书的目录,了解该书的体系、层次、结构及主要观点;三是全读、分读。对于自己熟悉的,或较容易的内容,一次读完;对于比较生疏了的,或较难读的内容,可以一部分一部分地读。全读和分读时,结合运用圈点符号、眉批旁注、读书笔记等方法,弄清全书的基本线索,明确哪些是必须记住的、最重要的,哪些是次要的、只需掌握大意或作一般了解的;四要复读、研读。复读,就是对某些已读过的最重要的或初读时遇到困难的内容反复阅读的方法,以便加深印象,避免遗忘。同时在每次的重读中可以悟到新的认识、新的理解和新的疑点,所以还须运用研读法,层层深入,反复品味,达到会意时,才能寻到精华之处。

现代文学巨匠茅盾独创的"三遍读书法",可以说是寻到了精读的精髓。茅盾读书，特别是读名著，一般至少要读三遍。

第一遍是"鸟瞰式"，即迅速地通读一遍，使整个文章在自己的头脑中先有个印象。他的"鸟瞰式"要求：一快，一口气读完；二全，居高临下，全面了解主要内容；三粗，概要把握基本内容。

第二遍是"精读式"，即细细地咀嚼，慢慢地回味，体会作品的"来龙去脉"。"精读式"要求：一慢，逐一研读，二细，全面研读，三深，挖掘作品深意。

第三遍是"消化式"，即弄懂整个作品的意思，用他自己的话说，就是从"情感上的感动"到"理智上的感动"。书中之精华，经过消化，变为了自己的东西，再经过长期积累，在后来的创作中发挥了应有的作用。

中国有句古话，叫做"书读百遍，其义自见"，就是说书要多读才能读懂，其实，读书不容易，把书读懂更不容易。只有多读，才能更深刻地了解书中真正的内涵。每本书都匆匆忙忙的读一遍，就读另一本，不求甚解，读了等于白读，过眼烟云，最后一无所得。

一本好书或好的文学作品仅仅读一遍，只能对书中内容有一个粗略的了解，而真正想读懂则需要几遍，甚至更多遍才能完成，才能领会书中的韵味。三遍读书法最适合读文学作品。一遍只能初步了解，二遍不能深入到精髓之外，只有三遍恰到好处，可以很好地理解作品内在和外在含义，又可增强记忆。正如谚语说的"井淘三遍吃好水"。读书也一样，书读三遍方知其"味"。

著名作家臧克家也是精读的楷模，他说："我读古人书浓圈密点，旁注，十分认真，一字一句也不放过，以求吃尽书中味，对作者的感情、思想、所处时代环境以及艺术表现特点，都要求大体了解。我对他们的作品并不盲目歌颂，有的为之击节，万遍常新；有的则以为平常，并不为我佩服。我欣赏的东西，特别是诗词之类，全凭两点：一是长期的生活经验；另一点是50年的创作实践，用这两点去体会，去验证。这两点看似平常，得来却都不容易。"

总而言之，掌握和运用三遍读书法，其要旨就在于层层深入，由粗读到细读，由粗知到理解，由浅知到深刻体会，由消化到掌握。当然，在具体读书中，并不一定拘泥于三遍的限制。这个三遍读书的步骤和程序，仅仅是一个可供参考的路子和方法。

精读是一种层次较高的读书方法，一般是在略读的基础上进行的，因此还要处理好博专的关系。精读时还要注意科学用脑，科学用时，可结合采用分配学习、交叉阅读，以期达到最佳的阅读效果。

六、"一目十行"阅读法。

阅读时应当有选择地关注那些有意义的起作用的词句，而忽略文章中无关紧要的词句。阅读的过程就是有意识地寻找这些"句"的过程。阅读时只要读懂了这些"句"，有的称之为"意义段"，顺着文章行文和思维"修补"，就能起到读懂全文的效果。

在技术上，把文章的页面在想象中分成左、中、右三列，各三分之一，阅读时，只看中间的三分之一。这样阅读时目光的行进方向就不再是平常我们习惯的从左到右的横向，而是变成从上往下的纵向。在中间这一列的内容里阅读"句"的同时，思维对左右两列的有关内容适当修补。就像我们看电视剧一样，对有些跳过没看到的情节，发挥思维的作用也能想到。

如此一来，阅读时所要直接关注的页面内容大幅减少了，因而大大加快了阅读速度。在泛读或浏览文章的时候，采用"一目十行"读书法进行阅读，对提高学习效率非常有效。

七、审查性阅读法。

美国著名学家阿德勒和多留恩在他们的著作《怎样阅读一本书》中提出了审查性阅读法、分析性阅读法和综合性阅读法三种阅读方法。所谓审查性阅读就是先对要阅读的图书进行快速地浏览和预习，将内容加以归类，明确图书的结构和基本内容，确定该书是否值得一读。审查性阅读要回答的问题是，这本书属于哪一类？全书基本内容是怎样的？它的结构顺序怎样？作者靠什么深化他的观点和理解主题？然后做出回答这些问题的笔记。这种笔记主要涉及书的结构，而不是它的主题和细节。

八、预测阅读法。

预测阅读法，也称超前思考法或悬测读书法，也是快速阅读法的一种。面对自己比较熟悉或正在研究的题目的文章或书籍，可先不忙翻看其内容，而是细心研究题目，然后闭目静思，设想这个题目由自己来写会分作几章几节，组织怎样的结构体系，对其中的重要观点又将从哪方面入手，组织哪些材料来论述，并将自己的设想写下来，然后再拿它与原文对照，看哪些地方不谋而合，哪些地方意见相左，哪些地方自己不得其解。对不谋而合处，稍加浏览便可，对意见相左处，要推究谁正谁误，原因何在。对不得其解处，要舍得下功夫，不但掌握作者的观点，还要掌握作者的思路和方法。这就是预测阅读法。这样读书能强化对书中思想内容的印象，了解作者思路，明了自己思考的不足之处和知识的薄弱环节，加深对书本知识的理解。

九、浏览和略读。

浏览和略读，也是快速阅读的一种方式。有些文章，不需深钻细研，有些书只需要知道个大概内容即可；有些书只需从中选择一些有用的资料而已。这时候阅读的主要方式是浏览和略读。通过浏览和略读，丢开一些书中不值得读的部分，这样就省下了时间细读真正需要的学习材料。

浏览，就是走马观花，有的也称之为泛读。浏览需要读的内容有以下四个方面：

1.是读书名。书名往往概括了文章的主要内容，或者揭示了文章的基本论点，论述的范围，只要稍加琢磨就可以有初步的了解。

2.是读书的序、目录、提要、题解、要点和索引。目录是都应该有的，其他几项有的有，有的没有。序能帮助读者了解书中的主要内容。序（包括跋、后记）有自序、他序之分。自序偏于说明作者宗旨，撰写经过，编写体例等。还可就书中的重点和难点作简要的阐述。他序常常对作者，作品作介绍和评论，或对书中的观点作引申和发挥。目录，是书的纲要。从目录章节的大小标题中，读者能了解到全书涉及哪些主要问题。目录不仅仅是供检查哪章内容在哪页上，它从整体结构上显示内容的总轮廓。浏览目录，有助于决定进一步的阅读方式，或全读，或选读，或不读。提要，即内容提要，又称内容简介。它是关于图书内容及其特点的简明扼要的介绍文字。它能帮助读者概括的了解书的内容和把握书的要点。浏览内容提要后还得看看书的其他部分，才能获得客观的结论。题解，多是就文章的题目对内容进行概括的解释。一般是介绍作品的背景、意义、影响、作者的基本情况、作品最初发表的时间和刊物的名称等，有的还对作品做出评价或按读者对象的不同做一些具体的分析。题解一般用在文选等比较严肃庄重的著作中，有的放在文章的后面，有的题目的同一页正文后面加线条用小字号表明。题解能帮助读者正确理解与把握作品的内容。要点，有些书写有要点，这是各章节的提要，它根述各个章节的论述要点。看要点，能了解作者在各章节中表述的基本思想。索引一般作为附录出现，能了解书中接触的人名、地名或问题，能看到作者写这本书的主要材料来源和根据，了解这本书的大概内容。

3.就是浏览正文了。首先要读开头的一部分，这一部分往往是文章的引论部分。作者在这里提出论题、论点以及研究本课题的意义、目的，或者指出本文的叙述纲要和叙述方法。了解这些可以对后文的内容进行判断，对理解全文有重要作用。其次要读中间部分段落，章节中的主题句。最后，要读结尾部分。结尾部分有时以结束语的形式单独列段。作者在这一部分对全文论述的问题加以简明扼要的归纳、总结，是作者展开论证的结论。读结束语应细心，如果与开头部分加以对照读，印象会更深。

浏览完以后，要合上书回忆所得，形成总的印象。如果发现有值得深究的问题，应及时捕捉，或做卡片记下，或进一步阅读。

浏览是一种多方面应用的技巧。浏览的内容和速度是不一样的。

关于教科书的浏览，是在每学期开学前的总体预习时，目的是在头脑中形成一个大概的轮廓，明白将要学习的内容，为更快更仔细的阅读打基础。

报纸杂志的阅读，唯我所需。我国的报纸杂志有好几千种，与学习的课文有关的就找来读。阅读一张报纸可先读大字标题和每篇文章的第一段，然后浏览其余各段，只需感兴趣的地方读的较仔细一点。杂志也是如此。

浏览小说，是把小说当成课程，不是作为一种消遣。从头到尾浏览一遍，看故事，找情节，找背景，找人物刻画，找结论。需要的话可以再读，边读边进行默想和构思，进行评价和批评。

浏览时，速度应适中。如果没有一定的速度就不能用较短的时间阅读广泛的内容。如果一味走马观花，追求速度，结果必然会印象模糊。因而，既不能太慢，也不可过快。

浏览，并不是马马虎虎，随随便便地看看。同样应该开动脑筋边想边读，使记忆积极从事活动。浏览时，涉猎东西多，重复的机会多，许多内容自然而然会变成自己的库存，但不要忽略主动的有意识的留下记忆的痕迹。

浏览，也不是读后就忘，也要勤于动脑，也要勤于动笔，把需要的资料保存下来以备不时之需，比如作文的素材，大多就是从平时的浏览得来的。

十、略读。

也称之为摘读，即根据阅读目的对材料加以取舍后的有详有略的读书方法。这种方法常在一本书不需要精读或时间和精力不允许全面精读，或书中有些内容与阅读目的无关时采用。在阅读书刊时，并不从头到尾一一细读，而是只读内容提要、序跋、目录，翻看书中的大、小标题，选读部分内容和图表、结论等，概略地了解其总体内容。

例如，马克思在撰写《资本论》这部巨著时，曾阅读了1500多种书籍，列宁在写作《俄国资本主义的发展》时，参考了583种书籍。可以想象，这么多书籍，本本精读，是不可能的，也是不必要的。在这种情况下，就可以采取精读和略读相结合的办法。

古今名人中，很多人是重视读书的详略取舍的。清代郑板桥在谈到怎样读《史记》时说："《史记》百三十篇中，以项羽本纪为最，而项羽本纪中，又以巨鹿之战、鸿门之宴、垓下之围为最，反复诵观，可歌可泣，在此数段耳。"郑板桥对《史记》的评价未必精当，但其读书有详略的方法却值得借鉴。据说爱迪生和他的助手们在遇到难题时，总要找一大堆书来读。但他不是每本书都详读、精读，而是周绕着疑难问题，有重点地读书中相关的部分。这样，再次讨论时，他就能说出问题的症结所在，找到解决问题的办法。

在读书时善于掌握详略，不仅可以赢得时间，提高学习、工作效率，而且可以增强驾驭知识的能力，使人在把知识运用于实践时不至于困惑。否则，读书毫无选择，平均用力，就会如郑板桥诗中所说"读书数万卷，胸中无适主；便如暴富儿，颇为用钱苦"那样。只知道读书，不会运用，读书还有何用？

应付考试或背诵而进行的复习也可用略读这个方法。你把以前所读过、钻研过、做过笔记的内容略读后，为了更有效果，你应不时停下来试试将每一章重要的概念背一下，或概述一下一章的内容。

略读也是讲究方法的，常见的有：

一、大海捞针法。如果你要查找一本课本或一篇文章所提供的信息，比如姓名、日期、词或短语，因为你并不需要理解，而只要辨认，所以在一页页浏览的时候要注意并集中注意力来找这个词或事实。

二、寻找线索法。线索则是可以以各种方式出现的，例如，记起了关于保罗·布尼安的出生地的问题的答案是加拿大，可是文章里没有一处出现过加拿大这个名词，这时就必须从句子推断中找到答案。

三、抓住要领法。为了抓住要领，可以很快地念一念导论和摘要，也看一看一些指明已包含重要论据的主题说明句的段落。

不求甚解法

不求甚解，读书只求懂得个大概，不求深刻了解。

读书"不求甚解"法，来自于东晋大诗人陶渊明的《五柳先生传》，文中云："好读书不求甚解，每有意会，便欣然忘食。"这是陶老先生托"五柳先生"以自道，描绘自己的读书生活，阐发自己对读书的见解。

陶渊明少年时代读书"少年罕人事，游好在六经。"他自幼就攻读儒家经典，他所说的好读书，自然是指读经史典籍。读经史书，必须读注，而汉代有的经学家所作的注释，连篇累牍，空虚烦琐，离题万里。如当时有一个小夏侯学派的人，光解释"尧典"两个字，就写了十余万字。这是一种很坏的学风，那些寻章摘句、牵强附会的学究式解释，对读书能有什么益处呢？非但无益，反而有害，会干扰对书的原意的领会、理解。所以，陶渊明提出"不求甚解"的观点，是有针对性的。他认为不必花很多的精力去研究没有价值的注释，而应注意读原著，领会原作的基本内容。显然，陶渊明在这里是提倡把读书作为一种艺术去享受的。正如他享受悠然见南山的闲情逸致一样，"采菊东篱下，悠然见南山"他大概不会想着要去研究南山多高，成于何年，山内有多少种他没见过的动物，有多少他不知道的珍稀植物。对于这种读书方式，我们不能给予非议。

陶渊明的"不求甚解"法在当时就是对这种不良学风的强烈抨击。得到不少文人学者的好评。历代批阅者在"不求甚解"四字下注曰："为真读书也"。对于此种读书，《小窗幽记》中有一段也说得极中肯："好读书非求身后之名，但异见异闻，心之所愿，是以孜孜搜讨，欲罢不能，岂为声名劳七尺也？"元朝人李治就说过："盖不求甚解者，谓得意妄言，不若老腐儒为章句细碎耳。"李治的意思是，陶渊明"不求甚解"的读书观，可以称得上是至理名言，不像某些迂腐的书呆子那样死扣章句而毫无出息。

　　读书何为不求甚解，对于此，《幽梦影》中的一段话有着极好的解释："少年读书，如隙中窥月；中年读书，如庭中望月；老年读书，如台上玩月。皆以阅历之浅深为所得之浅深耳。"少年读书，因为阅历与理解力的关系，看书几乎都是不求甚解的。这时候的阅读，怀着对艺术对精神生活的向往，兴致勃勃的将很多名著大部头书囫囵吞枣地咽下。读的过程完全是兴之所至，忘乎所以，不求甚解。懂了就懂了，不懂的就跳过，那些半懂不懂的也不问人，就存在心里。等着某个时机成熟时恍然大悟。这样的读书于考试升学治学当然完完全全是要不得的。但真正读书的人便是这样享受阅读的畅快与兴味。

　　"好读书，不求甚解，每有会意，便欣然忘食。"以陶渊明自然之真性情，想他的读书必是一种真正愉情悦性的读书方式。读得下去就读，读不下去就不读，读得写作者心领神会之际，便忘记周遭之一切。遇到不解的，他不会苛求自己一定要懂，一定要苦思以求领会作者之真实意图。当然不懂的他肯定会停下来思索，但一思之下还不明，他便会搁下。常常想读懂一本书是要机缘的。尤其是那些凝结了作者一生心血的名著经典，往往是作者一生阅历的提炼，那是真正的千锤百炼用血泪滴出的文字。所以，"当一个人的思想和经验尚没有达到可读一本名著的相当时期时，他即使勉强去读，也必觉得其味甚劣。"这样的读书肯定不会有"欣然忘食"之欣喜。

　　中国的艺术，书法，绘画，音乐，文学等都是讲究言在意外，富于暗示而不是一泻无余，就连哲学也是如此。因此"言有尽而意无穷"的表述方式使得有慧心的读者，阅读欣赏艺术时更多的是会意，是心有灵犀一点通。当一个人没有那种欣赏力与心境时。心无灵犀之时，对言外之意，一点再点三点也不会通。因此"如觉得合意，便可读下去，否则便可换一本"的态度是最好的选择。也正因为如此，陶公才会有"不求甚解"的态度，才会有"每有会意，便欣然忘食"之乐趣。

讲读书要"精熟",不会有人反对;但说读书可以"不求甚解",多数人可能会不赞同。可是陶渊明的"不求甚解"作为一种读书方法也是无可非议的:这是因为:一个"好读书"的人一生要读很多的书,如果每本书都"求甚解",书就必然读得很少,只有"不求甚解",了解一个大概,才可以在单位时间内读更多的书,便于获得广博的知识;在所读的书中,并非每本书都是有用的,有一些用处不大的书,浏览浏览即可,不必过多地在这种书上多费脑子,非要"求甚解"不可;有些书虽有用,但水平实在不怎么样,在同类书中居"下流",那就不妨用"不求甚解"的态度去读它。

在今天,陶渊明的"不求甚解"法也具有一定的普遍意义。倘若不论读什么书都去"求甚解",那你一辈子能读几本书呢?对有的书就可以"不求甚解",翻翻便过去了;有的书,可暂时"不求甚解",等到需要"求甚解"的时候,再"求甚解"。

如此说来,"求甚解"就不好了?不是的。有些书,特别是好书,一定要做到像朱熹主张的"熟读精思"。就是说要对书的精神实质领会贯通,并且有自己的见解。

这里讲的读书可以"不求甚解",是指的一种读书方法。面对浩如烟海的古今中外的图书,对有些书采取这种方法去读并非不可,尤其在"专"的同时要做到掌握"博"的知识,这种"不求甚解"读书法尤其值得提倡。

鲁迅先生就认为:"若是碰到疑问而只看那个地方,那么无论到多久都不懂的,所以,跳过去,再向前进,于是连以前的地方都明白了。"这种方法是对陶渊明的"不求甚解"读书方法的进一步发挥。它的好处是可以由此节省时间,提高阅读速度,把精力放在原著的整体理解和最重要的内容上。

现代著名作家王蒙也是好读书不求甚解的典范。他说,我最近也有亲身体会,不求甚解是什么意思呢?有一类特别伟大的语言,包括《道德经》里边的那些语言,比如讲到大道,那意思是在战争当中兵器伤不着他,到了水里水淹不了,到火里火烧不了。看这个你要一较劲,就这一段你能较三年,头发白了都不能理解。我觉得这是一种审美的理想,这不是一个操作规程。